YOU CAN'T BREAK THIS MOVEMENT

BLEIBERECHT FÜR ALLE!

KEINE DULDUNG STAATLICHER REPRESSION
SPENDET FÜR DEN ANTIRASSISTISCHEN WIDERSTAND

www.rote-hilfe.de/antira

V.i.S.d.P.: R.Lange, Pf 3255, 37022 Göttingen

Solidarität mit den Kämpfen der Refugees – Bleiberecht für Alle!

Gegen eine Politik der Abschottung Europas und Einschränkungen grundlegender Menschenrechte organisieren sich seit 2012 verstärkt Geflüchtete und ihre Unterstützer*innen.

Ob Kritik an Lagern oder Forderungen nach bedingungslosem Bleiberecht durch Protestmärsche oder Besetzungen von öffentlichen Plätzen, der Staat reagiert auf die Proteste mit Verschärfung des Asylrechts oder massiven Polizeieinsätzen.

Die linke Solidaritätsorganisation Rote Hilfe sieht sich als Teil der antirassistischen Bewegung und unterstützt Aktivist*innen die von staatlicher Repression betroffen sind. Spendet, bleibt solidarisch und mischt Euch ein!

Empfänger_in: „ROTE HILFE e.V." Stichwort: „ANTIRA"
IBAN: DE25 2605 0001 0056 0362 39 BIC: NOLADE21GOE

Thomas Schirrmacher

Rassismus
Alte Vorurteile und neue Erkenntnisse

Thomas Schirrmacher

Rassismus
Alte Vorurteile
und neue Erkenntnisse

SCM Hänssler

SCM

Stiftung Christliche Medien

Bestell-Nr. 394.999
ISBN 978-3-7751-4999-0

© Copyright der deutschen Ausgabe 2009 by
SCM Hänssler im SCM-Verlag GmbH & Co. KG · 71088 Holzgerlingen
Internet: www.scm-haenssler.de
E-Mail: info@scm-haenssler.de
Umschlaggestaltung: Jens Vogelsang, Aachen
Titelbild: Corbis GmbH, Düsseldorf
Satz: typoscript GmbH, Kirchentellinsfurt
Druck und Bindung: CPI – Ebner& Spiegel, Ulm
Printed in Germany

Inhalt

Kurz und bündig

Geht es Ihnen nicht auch so? Über manch einen Themenbereich würde man gerne als Normalbürger Bescheid wissen (oder muss es vielleicht sogar). Doch was die Fachleute schreiben, ist im Normalfall zu kompliziert und zu umfangreich. Wer hat schon Zeit, sich in jedes Thema wochenlang einzuarbeiten!?

Hier wollen wir Hilfestellung leisten. In *Hänssler kurz und bündig* geben Fachleute, die sich mit einem Thema schon seit Jahren intensiv beschäftigen, kurz und verständlich einen Überblick über das, was man wissen muss, wenn man Bescheid wissen will und mitreden können möchte.

Dabei enthält jeder Band der Reihe *Hänssler kurz und bündig* die folgenden Elemente:

- Fakten und Basisinformationen
- die Diskussion kontroverser Fragen
- praktische Hilfen und Hinweise zum Weiterarbeiten

All das ist so angelegt, dass der Leser sich in zwei bis drei Stunden (also etwa statt des Abendkrimis oder auf einer Zugfahrt) ein Thema in seinen Grundlagen aneignen kann. Die Anwendung im Leben oder das anschließende Gespräch mit anderen wird dann aber sicher etwas länger dauern ...

Ich würde mir wünschen, dass dieser kleine Band Ihren Horizont erweitern kann und die Informationen liefert, die Sie suchen.

Thomas Schirrmacher

Vorwort

Kurz und bündig über ein Phänomen zu schreiben, dem Millionen von Menschen zum Opfer gefallen sind und das in der Geschichte zur Rechtfertigung von Völkermord, Sklaverei und Krieg benutzt wurde, sowie jahrhundertelang zur Verletzung aller Menschenrechte geführt hat, erscheint fast vermessen. Den Schrecken des Nationalsozialismus und den Völkermord an Juden und »Zigeunern« auf zwei Buchseiten zu reduzieren, die Sklaverei der Kolonialzeit nur zu streifen und das Massenabschlachten der Tutsi durch die Hutu in Ruanda lediglich zu erwähnen, scheint dem Leiden der Opfer des Rassismus nicht angemessen.

Auch könnte man viele Seiten über die zahlreichen Definitionen von »Rassismus« und auch »Rasse« abfassen, um der vielen Literatur gerecht zu werden, die hierzu veröffentlicht wurde. Die Vielzahl der Meinungen entsteht dabei zum einen aus fehlenden und unklaren Grundlagen für die Definition der Begriffe. Zum anderen kann man über das Thema schlecht akademisch neutral schreiben, da es viel mit Wertungen und Emotionen zu tun hat.

Doch nur wenn man den Rassismus *kurz und bündig* erfassen und widerlegen kann, haben die Argumente gegen ihn eine Chance. Denn wenn nur der, der sich tief in umfangreiche wissenschaftliche Werke von Biologen, Ethnologen, Soziologen und Historikern vergraben kann, der Ablehnung des Rassismus sicher sein könnte, stünden wir rassistischer Propaganda recht hilflos gegenüber.

So aber bin ich davon überzeugt, dass der Rassismus nicht nur wegen seiner historischen Folgen fragwürdig ist. Auch steht er nicht nur der christlichen wie der humanistischen Weltanschauung konträr gegenüber. Vielmehr entzieht alles, was die neuere Biologie (insbesondere die Genetik) und die Kulturanthropologie (einschließlich der Ethnologie/Völkerkunde) zum Thema »Rasse« zu sagen haben, der Ideologie des Rassismus völlig den Boden.

Die Ergebnisse der modernen Genetik, der Verhaltensforschung, der Archäologie, der Sprachwissenschaft, der Völkerkunde und der Geschichtswissenschaft lassen heute nur noch einen Schluss zu, den Vertreter des christlichen Schöpfungsglaubens mit oder gegen die Evolutionstheorie immer schon vertreten haben: Die gesamte heute lebende Menschheit geht auf einen gemeinsamen Ursprung zurück, der entweder in Afrika oder im angrenzenden Teil von Asien, dem Mittleren Osten[1], liegt. Und alle Menschen sind genetisch so eng miteinander verwandt, dass man, wenn überhaupt, nur von einer einzigen »Rasse« sprechen kann. Der Rassismus ist nicht nur abzulehnen, weil alle Menschen in ihrer Verschiedenheit die gleiche Würde haben, sondern auch, weil die Verschiedenheit jeden von jedem unterscheidet, nicht aber bestimmte »Rassen« voneinander.

Als Teenager ging ich in den Ferien im Glasgower Hafen verloren, als unser Ausflugsschiff mit meinen Eltern, aber ohne mich abfuhr. Verlassen in einer herabgewirtschafteten Gegend sammelte mich ein noch jüngerer »schwarzer« Junge auf. Dank großer Gastfreundlichkeit und Fürsorge verbrachte ich die Nacht in dem einen engen Raum, in dem die arme Familie mit ihren vielen Kindern lebte und schlief. Die Hilfsbereitschaft war größer als bei vielen meiner Bekannten, die über ein Gästezimmer verfügen. Am übernächsten Tag konnte ich meine Eltern dann telefonisch erreichen. Damals beschloss ich, anders aussehende und lebende Menschen mit derselben Normalität und Freundlichkeit zu behandeln, mit der mich diese Familie aufgenommen hatte, obwohl ich »weiß« und »reich« war.

Da meine Eltern enge Kontakte zur internationalen evangelikalen Missionsbewegung hatten, gingen bei uns Kirchenführer aus aller Welt aus und ein, aus Indonesien wie aus Paraguay, aus Gambia wie aus anderen Ländern. Als kleines Kind betastete ich neugierig die Haare von Afrikanern, die anschließend Fachvorträge hielten. Ich wuchs damit auf, dass Menschen sehr unterschiedlich sind, aber gleichermaßen Respekt verdienen.

Vielleicht war das der Grund, warum ich neben der Theologie so gerne auch Soziologie und Völkerkunde – in den USA allgemeiner die Kulturanthropologie – und somit die Unterschiedlichkeit der Menschen studierte. Indes habe ich in meiner zweiten, kulturanthropologischen Dissertation auch die unsinnigen Theorien von Hans Naumann und anderer zur sogenannten »Völkerpsychologie« untersucht und in meiner Dissertation »Hitlers Kriegsreligion« die verheerenden Auswirkungen, die es hatte, als Menschen begannen, ein Sammelsurium an Theorien der Rassenforschung in blutige Praxis umzusetzen.

Hinweis: Da ich die traditionelle Einteilung der Menschen nach Hautfarben für tatsächlich und sprachlich sinnlos halte, wie im Detail noch belegt werden soll, setze ich immer dann, wenn ich Menschen doch mit dieser Sprachregelung bezeichne (»Schwarze«, »Weiße«), dies in Anführungsstriche.

I. Der Rassismus und seine Widerlegung

1. Was ist Rassismus?

Definitionen des Rassismus

Der Begriff »Rassismus« entstand in verschiedenen europäischen Sprachen in Auseinandersetzung mit dem Nationalsozialismus seit Ende der 1920er-Jahre. Die erste Rassismus-Definition formulierte 1940 die amerikanische Ethnologin Ruth Benedict: »... das Dogma, dass eine ethnische Gruppe von Natur aus zu erblicher Minderwertigkeit und eine andere Gruppe zu erblicher Höherwertigkeit bestimmt ist. Das Dogma, dass die Hoffnung der Kulturwelt davon abhängt, manche Rassen zu vernichten und andere rein zu erhalten. Das Dogma, dass eine Rasse in der gesamten Menschheitsgeschichte Träger des Fortschritts war und als einzige auch künftig Fortschritt gewährleisten kann«.[2]

Was diese Definition von modernen Definitionen unterscheidet, ist, dass Benedict die Existenz von menschlichen Rassen noch nicht grundsätzlich infrage stellt, sondern als Rassismus die Wertung von tatsächlich vorhandenen Rassen versteht.

Die lange gebräuchlichste Definition stammt vom französischen Soziologen Albert Memmi: »Der Rassismus ist die verallgemeinerte und verabsolutierte Wertung tatsächlicher oder fiktiver Unterschiede zum Nutzen des Anklägers und zum Schaden seines Opfers, mit der seine Privilegien oder seine Aggressionen gerechtfertigt werden sollen«.[3]

Wir sehen hier, dass die Unterschiede immerhin schon fiktiver Natur sein können, aber nicht müssen. Neuere Definitionen betonen aber zu Recht, dass der Rassismus die Rassen und

Gruppen, die er höher stellt oder verunglimpft, zugleich selbst erst hervorbringt. Heute halten die meisten mit der Thematik befassten Forscher die Einteilung der Menschheit in Rassen an sich schon für eine rassistische Theorie, da Rasseneinteilungen praktisch immer der Ausgrenzung von Menschen und der Rechtfertigung von Abhängigkeiten dienen.[4]

Drei neuere Rassismusdefinitionen

»Wollten wir eine knappe Formulierung wagen, so könnten wir sagen, dass Rassismus vorliegt, wenn eine ethnische Gruppe oder ein historisches Kollektiv auf der Grundlage von Differenzen, die sie für erblich und unveränderlich hält, eine andere Gruppe beherrscht, ausschließt oder zu eliminieren versucht.«[5]

»Rassismus ist der Glaube, daß sich Völker durch erbliche Merkmale von sozialem Wert unterscheiden, die bestimmte Gruppen anderen über- bzw. unterlegen machen.«[6]

»Rassismus umfasst Ideologien und Praxisformen auf der Basis der Konstruktion von Menschengruppen als Abstammungs- und Herkunftsgemeinschaften, denen kollektive Merkmale zugeschrieben werden, die implizit oder explizit bewertet und als nicht oder nur schwer veränderbar interpretiert werden.«[7]

Wir finden also zwei Kernelemente des Rassismus:

1. die Konstruktion abstammungsmäßiger Gruppen mit vermeintlich gemeinsamen Merkmalen und

2. die Wertung dieser Gruppen und Unterschiede zum Nutzen des Rassisten und zum Schaden des Opfers und dadurch die Legitimierung von Privilegien und Aggression.

Kern des Rassismus im Vergleich zu anderen Ideologien, die genutzt werden, um andere Menschen zu unterdrücken (wie Klassenvorstellungen, Religion oder Verachtung von Behinderten), ist also, dass das Anderssein des anderen *in seiner biologischen Abstammung begründet liegt und deswegen unabänderlich ist.* »Von der Existenz einer rassistischen Einstellung oder Ideologie kann man sprechen, wenn Differenzen, die sonst als ethnokulturelle betrachtet werden, für angeboren, unauslöschlich und unveränderbar erklärt werden.«[8] Eine vermeintlich natur- oder gottgegebene unabänderliche Herrschaftsordnung dient im Rassismus der Rechtfertigung von Diskriminierung, Ausgrenzung, Unterdrückung, Verfolgung oder Vernichtung von Menschengruppen.

Zwei Argumentationsstränge gegen den Rassismus

Gegen den Rassismus muss man deswegen auf zwei Ebenen argumentieren.

Erstens damit, dass auch ein erwiesener Unterschied menschlicher Rassen nichts über die allen gleiche Würde des Menschen aussagen würde. Hautfarbe, Körpergröße oder auch IQ sagen nichts darüber aus, wer wertvoll ist und wer nicht, und geben niemandem das Recht, andere Menschen zu unterdrücken.

Zweitens damit, dass aber für die Annahme, dass es solche biologischen Unterschiede von einteilbaren Rassen überhaupt gibt, keine Beweise vorgelegt werden können. Man kann Menschen nicht nach ihrem Aussehen oder Verhalten biologischen Abstammungsgruppen mit erblich festgelegten Gemeinsamkeiten zuordnen und kann keine Zuordnung von äußerlichen Merkmalen zu ihrem Charakter oder Verhalten vornehmen.

Eigentlich müsste der zweite Punkt bereits ausreichen. Denn wenn es keine menschlichen »Rassen« gibt, ist der Rassismus immer falsch, weil unmöglich. Doch leider konstruiert sich der Rassismus immer neue »Rassen«, sodass auch die Argumentation auf Ebene 1 grundsätzlich immer wieder geführt werden muss.

Obwohl die wissenschaftlichen Belege dafür, dass es keine Rassen gibt, mit jedem Jahrzehnt mehr werden, ist es bis heute üblich, die uralte und vielfach widerlegte Einteilung nach Hautfarben in Ermangelung einer Alternative weiter zu verwenden. Führende Lexika erklären unter »Rassismus«, dass es gar keine Rassen gibt, um dann unter »Rasse« oder den einzelnen Namen dieser »Rassen« unbekümmert weiter die Unterscheidungen zu referieren.

Exkurs: Es gibt kein Ansehen der Person vor Gott!

Die breit bezeugte Aussage, dass wir »ohne Ansehen der Person« (5. Mose 1,17; 2. Chronik 19,7; Sprüche 18,5; 24,23; Hiob 13,10; Epheser 6,9; Kolosser 3,25) entscheiden sollen, weil Gott selbst kein Ansehen der Person kennt (z. B. 5. Mose 10,17-18), bedeutet, dass nur böse Richter »die Person ansehen« (Jesaja 3,9). Deswegen schreibt Jakobus: »... ohne Ansehen der Person ... Wenn ihr wirklich das königliche Gesetz ›Du sollst deinen Nächsten lieben wie dich selbst‹ nach der Schrift erfüllt, so tut ihr recht. Wenn ihr aber die Person anseht, so begeht ihr Sünde und werdet vom Gesetz als Übertreter überführt ... Redet so und handelt so wie solche, die durch das Gesetz der Freiheit gerichtet werden sollen« (Jakobus 2,1.8-12).

Es gibt viele Rassismen
Rassismus findet sich im Alltag ebenso wie in Politik und Wissenschaft. Er reicht von Vorurteilen und Diskriminierung

über Sklaverei und Rassentrennung hin zu Pogromen, Vertreibungen, ethnischen Säuberungen und Völkermord. Die bisher extremste Form stellte die industrielle Judenvernichtung im Dritten Reich dar.

Acht unterschiedliche Beispiele für Rassismus aus Geschichte und Gegenwart

Deutschland und Europa: Völkerschauen im Zoo. Zwischen 1870 und 1940 war die Blütezeit der Völkerschauen, bei denen in Zoos, im Zirkus und in Sonderausstellungen außereuropäische Völker vorgeführt wurden. In dieser Zeit gab es in Deutschland über 300 solcher Gruppen, die von Familiengröße bis zu Gruppen von 50 Menschen reichten. Berühmt sind die Areale für Beduinen, Somalier oder Eskimos im Hamburger Zoo Hagenbeck. Gezeigt wurden nicht die wahren Lebensumstände der Völker, sondern mit Vorliebe die Klischees, die das bürgerliche Publikum sehen wollte.

Uganda: Vertreibung der Inder. 1972 begann die diktatorische Regierung mit Unterstützung der schwarzafrikanischen Bevölkerung mit der Vertreibung der 80 000 Inder, die 1 % der Bevölkerung ausmachten, aber 50 % der Ärzte und 80 % der Kaufleute stellten.

Sowjetunion: Verachtung »Schwarzer«. In den 1970er-Jahren trainierten Schwarzafrikaner in Lagern bei Moskau auf Kosten der Sowjetunion für den Befreiungskampf in Südafrika. Hatten sie Ausgang und sprachen russische Frauen an, wurden sie verprügelt oder von der Polizei verhaftet.

Südafrika: Rassentrennung. Von 1948–1990 durften »Weiße« keine »Schwarzen«, Inder (Asiaten, »Farbige«) oder »Mischlinge« heiraten. Die vier Gruppen mussten in getrennten Wohnsiedlungen leben, in getrennte Schulen und Hochschulen gehen und getrennte Krankenhäuser, Verkehrsmittel, Toiletten und Strände benutzen, wobei die Einrichtungen der »Weißen« natürlich immer besser ausgestattet waren. Nur 4 Mio. Weiße hatten das Wahlrecht, 18 Mio. Schwarze und alle anderen nicht.

Ruanda: Völkermord an den Tutsi. Zwischen April und Juli 1994 töteten innerhalb von 100 Tagen Armee, Polizei und Zivilbevölkerung der Hutu-Mehrheit in Ruanda ca. 800 000 bis 1 Mio. Menschen und damit 75 % der in Ruanda lebenden Tutsi-Minderheit.

USA: War Adam »weiß« oder »schwarz«? Rassistische Milizen in den USA sind davon überzeugt, dass Adam und Eva weiß waren und nur die Weißen von ihnen abstammen. Elijah Muhammad, der Gründer der »Nation of Islam«, der amerikanischen Organisation des »Black Islam«, vertrat demgegenüber, dass Allah Adam schwarz geschaffen habe. Beide Gruppen meinen, dass die anderen Rassen durch Vermischung mit Tieren entstanden seien.

Saudi-Arabien: Ausbeutung der Filipinos. Die Drecksarbeit für die vielen reichen Saudis machen vor allem Filipinos, katholische wie muslimische. Zum Teil menschenunwürdig untergebracht und behandelt, ist es um ihre Rechte schlecht bestellt, da sie jederzeit abgeschoben werden können. Zudem sind die Filipinos oft bereit, jegliche Aufgabe zu übernehmen, weil in der Heimat große Familien von ihren Überweisungen leben.

Deutschland: Die NPD zu Afrika: »In Wahrheit ist (...) die ganze ›Entwicklungshilfe‹ ein Riesenschwindel! In Afrika kann sich nämlich gar nichts ›entwickeln‹, was europäischen Verhältnissen gleichkommen würde. In Wahrheit wurde alles, was man auf dem schwarzen Kontinent an Zivilisation vorfindet, von Weißen geschaffen. Und dort, wo der weiße Mann nicht oder nicht mehr ist, funktioniert auch nichts – so einfach liegen die Dinge. (...) Die (Steuer-)

Gelder für die Entwicklungshilfe landen als Schmiergeld in den Taschen der Negerhäuptlinge (…).«[9] »Wer nur noch, völlig unterschiedslos, ›Menschen‹ – aber keine Deutschen mehr kennt, den kann es auch nicht empören, wenn er in westdeutschen Großstädten verarmte deutsche Rentner in Mülleimern nach Pfandflaschen angeln sieht, während hinter ihnen staatsalimentierte orientalische Großfamilien oder arrogante Wohlstands-Neger daherstolzieren! Für wen das alles nur unterschiedslos ›Menschen‹ sind, der vermag das schreiende Unrecht dieser Alltagsszene aus der ›Bunten Republik Deutschland‹ nicht mehr zu erkennen.«[10]

Der Rassismus ist dabei älter als der Rassismus-Begriff, älter als jede »Rassenlehre« und findet immer statt, wenn Menschen andere Gruppen zu einer biologisch zusammengehörenden Gruppe erklären, die niedriger, unzivilisierter, fauler oder gefährlicher sei. Deswegen definieren die Vereinten Nationen »Rassendiskriminierung« im »Internationalen Übereinkommen zur Beseitigung jeder Form von Rassendiskriminierung« von 1965 umfassender: »Rassendiskriminierung ist jede auf der Rasse, der Hautfarbe, der Abstammung, dem nationalen Ursprung oder dem Volkstum beruhende Unterscheidung, Ausschließung, Beschränkung oder Bevorzugung, die zum Ziel oder zur Folge hat, dass dadurch ein gleichberechtigtes Anerkennen, Genießen oder Ausüben von Menschenrechten und Grundfreiheiten im politischen, wirtschaftlichen, sozialen, kulturellen oder jedem sonstigen Bereich des öffentlichen Lebens vereitelt oder beeinträchtigt wird.«

Daneben muss gesagt werden, dass es »den« Rassismus nicht gibt, sondern er *je nachdem, von wem er ausgeht und gegen wen er gerichtet ist*, auch jeweils andere Formen annimmt. Rassistische Bewegungen haben immer eine nationale oder kulturelle Ausprägung und unterscheiden sich stark, je nachdem, welche Gruppe damit welche bekämpft. »... wo immer wir Rassismus vorfinden, entdecken wir, dass er historisch spezifisch ist, je nach der bestimmten Epoche, nach der bestimmten Kultur, nach der bestimmten Gesellschaftsform, in der er vorkommt. Diese jeweiligen spezifischen Unterschiede muss man analysieren. Wenn wir über konkrete gesellschaftliche Realität sprechen, sollten wir also nicht von Rassismus, sondern von Rassismen sprechen.«[11]

Großer und kleiner Rassismus der »Rassen«

Der grundsätzlichste Rassismus geht von den vermeintlichen großen Rassen der Menschen aus und verachtet und bekämpft »Schwarze« (die verbreitetste Art des Rassismus in Geschichte und Gegenwart), »Rote« (z. B. in Brasilien), »Gelbe« (z. B. in Uganda) und »Weiße« (z. B. in Simbabwe).

Aber man versteht unter Rassismus auch jede Unterdrückung kleiner ethnischer Gruppen oder solcher Gruppen, die der Rassist als zusammengehörig definiert.

Ist schon die Verachtung der »Großrassen« ohne Grundlage, so gilt dies für diese Art des Rassismus erst recht, weil die meisten Völker viel zu sehr Mischprodukte der Völkergeschichte sind, als dass etwa Germanen und Juden, Deutsche und Franzosen, katholische Iren und protestantische nordirische Briten oder Wallonen und Flamen in Belgien – um einmal nur europäische Beispiele zu wählen – biologisch zu unterscheiden wären.

Wenn ich alles richtig übersehe, gibt es drei Arten des Rassismus, die international am verbreitetsten sind und jeweils über viele Jahrhunderte verfolgt werden können, von denen eine für den »großen« Rassismus steht, zwei für den »kleinen«:

Die drei international und in der Geschichte verbreitetsten Rassismen

Die Verleumdung und Bekämpfung oder Unterdrückung

1. der **»Schwarzen«** (oder von Menschen, die eine dunklere Hautfarbe haben als man selbst) – sie sind angeblich dumm, roh und unzivilisiert;
2. der **Juden** – sie sind angeblich verschlagen, raffgierig und herrschsüchtig;
3. der **»Zigeuner«** – sie sind angeblich asozial und diebisch.

Andere Begriffe

Im Umfeld des Rassismus werden häufig verwandte Begriffe verwendet, die im Folgenden kurz skizziert werden sollen.

Alltagsrassismus: Rassismus in alltäglichen Situationen, für den der Handelnde selbst keine ideologische Begründung liefern kann, da ihm die Überlegenheit seiner eigenen Gruppe so in Fleisch und Blut übergegangen ist, dass er die daraus folgende Diskriminierung für normal und logisch hält oder selbst gar nicht mehr bemerkt.

Antisemitismus: Hass auf die Juden (nicht die Semiten allgemein), siehe S. 91–92.

Antizionismus: Hass auf den modernen jüdischen Staat Israel in Palästina – Sonderform des Antisemitismus, siehe dazu S. 92.

Antiziganismus: in Anlehnung an »Antisemitismus« gebildeter Fachbegriff für Zigeunerfeindlichkeit (von frz. *tsigane*, »Zigeuner«), siehe dazu S. 89–91.

Ausländerfeindlichkeit: »Die Ausländerfeindlichkeit richtet sich zunächst auf den Status der fremden Nationalität, verfestigt dieses Merkmal des Zugewandertseins aber im Laufe der

Zeit durch zugeschriebene, negative Eigenschaften, die für die Betroffenen über Generationen spürbar sein können. Während Rassismus im engeren, biologisch argumentierenden Sinn auf der vermeintlich unabänderlichen Zuschreibung von Merkmalen beruht, kann eine fremdenfeindliche Haltung sich mit der Zeit abschwächen. Ehemals als fremd empfundene Menschen und Gruppen verlieren dann ihr Stigma und werden nun als ›aufgenommen‹ und ›ansässig‹ wahrgenommen.«[12]

Ethnozentrismus: Fixierung auf den eigenen kulturellen Kontext, Verwechslung des Weltbildes der eigenen Kultur mit der Realität. Im Gegensatz zum Rassismus wünscht oder erzwingt der Ethnozentrismus eher die Assimilation des anderen.

Fremdenfeindlichkeit (Xenophobie): Ablehnende Einstellung und Verhaltensweise gegen als fremd und anders empfundene Menschen und Gruppen und Außenseiter aller Art. Fremdenfeindlichkeit hasst die Sprache, Kultur, Kleidung, Staatsangehörigkeit anderer, Rassismus dagegen ihre »Rasse« und »Abstammung«, wobei beide natürlich Hand in Hand gehen können und meist gehen, aber nicht müssen.

Rassentrennung: siehe S. 79

Rassendiskriminierung: siehe S. 19

Exkurs: Wichtige Bibeltexte gegen Rassismus

Apostelgeschichte 17,26-29: »Und Gott hat aus einem Menschen das ganze Menschengeschlecht gemacht, damit sie auf dem ganzen Erdboden wohnen, und er hat festgesetzt, wie lange sie bestehen und in welchen Grenzen sie wohnen sollen, damit sie Gott suchen sollen, ob sie ihn wohl fühlen und finden können. Und tatsächlich ist er nicht ferne von einem jeden unter uns. Denn in ihm leben, weben und sind wir.«

1. Mose 1,26-28: »Und Gott sprach: Lasst uns Menschen machen, ein Bild, das uns gleich sei ... Und Gott schuf den Menschen zu seinem Bilde, zum Bilde Gottes schuf er ihn; und schuf sie als Mann und Frau. Und Gott segnete sie und sprach zu ihnen: Seid fruchtbar und mehret euch und füllet die Erde ...«

1. Mose 5,1-2: »Dies ist das Buch von Adams Geschlecht. Als Gott den Menschen schuf, machte er ihn nach dem Bilde Gottes und schuf sie als Mann und Frau und segnete sie und gab ihnen den Namen ›Mensch‹«.

1. Korinther 15,21-22: »Denn da durch einen Menschen der Tod gekommen ist, so kommt auch durch einen Menschen die Auferstehung der Toten. Denn wie sie in Adam alle sterben, so werden sie in Christus alle lebendig gemacht werden.«

Philipper 2,3-5: »Tut nichts aus Eigennutz oder um eitler Ehre willen, sondern in Demut achte einer den andern höher als sich selbst, und ein jeder schaue nicht auf das Seine, sondern auch auf das, was dem andern dient. Seid so unter euch gesinnt, wie es der Gemeinschaft mit Christus Jesus entspricht.«

1. Samuel 16,7 (Gott zum Propheten Samuel): »Schau nicht auf sein Aussehen und seinen hohen Wuchs, denn ich habe ihn verworfen. Denn der HERR schaut nicht auf das, worauf ein Mensch sieht. Ein Mensch sieht, was vor Augen ist. Der HERR aber sieht das Herz an.«

Epheser 2,14-18 (über Juden und Heiden): »Denn Er ist unser Friede, der aus beiden eines gemacht hat und den Zaun abgebrochen hat, der dazwischen war, nämlich die Feindschaft. Durch das Opfer seines Leibes hat er abgetan das Gesetz mit seinen Geboten und Satzungen, damit er in sich selber aus den zweien einen neuen Menschen schaffe und Frieden mache und die beiden versöhne mit Gott in einem Leib durch das Kreuz, indem er die Feindschaft tötete durch sich selbst. Und er ist gekommen und hat im Evangelium Frieden verkündigt euch, die ihr fern wart, und Frieden denen, die nahe waren. Denn durch ihn haben wir alle beide in einem Geist den Zugang zum Vater.«

2. Menschenrassen gibt es nicht

»Rasse« in der Biologie

Wie verwendet die Biologie heute den Begriff »Rasse«? Die Antwort ist eindeutig: »Rasse« verwendet man nur noch für vom Menschen gezüchtete Pflanzen sowie Nutz- und Haustiere. Hier züchtet der Mensch besondere Merkmale heraus und verhindert die Vermischung der Rassen durch weitere Kontrolle der Zucht – was ja beim Menschen unmöglich wäre. Für Wildtiere und -pflanzen findet der Begriff »Rasse« praktisch keine Verwendung mehr.

Um biologische Arten – klar definiert durch die Grenze der natürlichen Kreuzbarkeit – zu unterteilen, traten allmählich die Begriffe »Unterart« oder »Subspezies« an die Stelle, für die Pflanzen »Formen« und »Varietät«, die aber längst nicht so klar festgelegt sind wie die Arten und die darüber sich aufbauenden hierarchischen Begriffe.

Alle Menschen dieser Welt sind beliebig miteinander »kreuzbar«, was heißt, dass prinzipiell jeder zeugungsfähige Mann mit jeder gebärfähigen Frau Kinder zeugen kann. Das ist ein untrügliches Kennzeichen, dass es sich bei allen Menschen um ein und dieselbe biologische Art handelt. Die Vereinten Nationen haben das treffend rechtlich so festgeschrieben – nebenbei eine erstaunliche Wiederbelebung der christlichen Tradition: »Alle Menschen gehören einer einzigen Art an und stammen von gemeinsamen Vorfahren ab. Sie sind gleich an Würde und Rechten geboren und bilden gemeinsam die Menschheit.«[13] Im »Lexikon der Biologie« heißt es dazu: »In der Rassenkunde der Anthropologie wurde der Terminus ›Rasse‹ für die Klassifikation von Menschengruppen auf mehreren Niveaus unterhalb der Art Homo sapiens verwendet, wobei lediglich die sog. geografischen Großrassen (Europide, Mongolide, Negride) dem Status von Unterarten ... hätten entsprechen können. Verschiedene populations- und molekulargenetische Untersuchungen zeigen jedoch, dass die Einteilung in ›Rassen‹ beim Menschen keine genetische Grundlage hat«.[14]

Der Oldenburger Biologieprofessor Ulrich Kattmann hat in zahlreichen Veröffentlichungen vertreten, dass der Rassebegriff in der Biologie generell ebenso obsolet geworden ist wie in Bezug auf den Menschen. »Auch von biologischer Seite wird der Kritik am Menschenrassen-Konzept oft Unverständnis und Widerstand entgegengebracht, da man bei Aufgabe des Rassenbegriffs allgemeinbiologische Prinzipien verletzt sieht: Rassenklassifikation sei ein in der ganzen Biologie übliches Verfahren ... Der Mensch habe biologisch keine Sonderstellung und sei daher wie alle anderen Tierarten zu behandeln. Das Rassenkonzept sei zum Verständnis der Evolution notwendig ... Der Autor gesteht, dass er selbst lange Zeit ebenso gedacht hat ... Die genaue Analyse zeigt jedoch, dass keines der Argumente, am Menschenrassen-Konzept festzuhalten, biologisch stichhaltig ist. Zunächst ist festzustellen, dass der Terminus ›Rasse‹ in der Zoologie weitestgehend obsolet ist und ausgiebig nur von Anthropologen und Haustierkundlern verwendet wird ... Der einzige Objektbereich, in dem ›Rasse‹ als Fachwort angewendet wird, sind die Zuchtformen der Haustiere ... Natürliche Populationen sind jedoch genetisch vielfältig und keineswegs mit Haustierrassen vergleichbar. Geografisch deutlich differenzierte Populationen werden zoologisch als Unterarten (Subspezies) bezeichnet. Die Unterteilung von Arten in Unterarten oder noch feineren Kategorien ist dabei keineswegs ein verpflichtendes biologisches Prinzip. Die zoologische Klassifikation ist nur auf dem Artniveau zwingend: Jeder sich zweielterlich fortpflanzende Organismus gehört notwendig einer biologischen Art an, die als Fortpflanzungsgemeinschaft definiert ist ... Beim Menschen ist die Vielfalt innerhalb und zwischen den Populationen so komplex, dass es unzweckmäßig ist, diese Art zoologisch weiter zu untergliedern ... Das Rassenkonzept ist einfach untauglich, die genetische Verschiedenheit der Menschen in ihrer individuellen und geographischen Vielfalt angemessen zu erfassen.«[15]

Rassen waren trotz großem Aufwand nicht zu finden

Der »Rasse«-Begriff beim Menschen ist eine der erfolgreichsten Ideen der Moderne. Vor 1400 in allen seinen Teilen unbekannt und im 18. Jh. allmählich entwickelt, dürfte ab dann bis Mitte des 20. Jh.s kaum jemand an der Existenz klar unterscheidbarer menschlicher Großrassen gezweifelt haben, obwohl es nie eine halbwegs anerkannte Einteilung solcher Rassen gegeben hat.

Von 1850 bis etwa 1950 kann man von einer Blütezeit der rassenanthropologischen Messtechniken sprechen. Hautfarbtafeln, Augenfarbtafeln, Abmessen von Knochen, Körpergröße, Schädelmessungen, Verhältniszahlen waren an der Tagesordnung. Was wurde nicht alles weltweit mit gewaltigem Aufwand gemessen und katalogisiert. Wenn es je eine Möglichkeit gegeben hätte, die Menschheit anhand messbarer Größen in überschaubare und unterscheidbare Rassen einzuteilen, hätte man sie finden müssen.

So aber entstanden nur ungezählte Rasseneinteilungstheorien und es wurde – das hat vor allem Stephen Jay Gould in seinem Klassiker »Der falsch vermessene Mensch« nachgewiesen – unsauber gearbeitet, das heißt, die Daten zurechtgebogen und interpretiert, bis das gewünschte Ergebnis vorlag. Anfangs setzte man etwa auf die Hirngröße als Kennzeichen der Rassen und ihrer Wertung. Als aber klar wurde, dass Eskimos, Samen, Malaien und Tataren die größten Hirne haben, ließ man das Merkmal fallen.[16] Man wusste sowieso längst, dass Hirngröße und Intelligenz nicht automatisch zusammenhängen und konnte sich so gut herausreden.

Es gab nie eine allgemeingültige Einteilung in Menschenrassen, sondern nur immer neue und wechselnde Vorschläge, die viele Forscher sogar während ihres Forscherlebens widerriefen.[17] Das gilt auch für das Dritte Reich, in dem völlig widersprüchliche Rasseneinteilungen miteinander konkurrierten.

Diese Epoche der Messtechniken mündete in eine kritische Epoche ein, deren erste Vertreter seit dem Ersten Weltkrieg dem Rassismus die Grundlage hätten entziehen können, hätte man auf sie gehört. Die wichtigsten Kritikpunkte waren:

1. Erbmerkmale und Umweltmerkmale werden nicht genügend unterschieden. Bevor Messergebnisse verglichen werden, müsste bewiesen sein, dass sie erblich bedingt sind und über viele Generationen konstant bleiben.
2. Die Messergebnisse täuschen ein Nebeneinander von Rassen vor, obwohl die Weltbevölkerung ein gleitendes Kontinuum von verschiedenen Bevölkerungsmischungen darstellt.
3. Jeder Forscher erstellt seine eigene Typologie.

4. Die Typologien halten tatsächlicher Feldforschung vor Ort nicht stand. Es ist eben einfach, das Foto eines typischen »Deutschen« in einem Atlas neben das eines »Russen« zu stellen, aber schwierig, den Deutschen in Deutschland und den Russen in Russland zu finden. Wir sind eben alle Mischlinge durch Jahrtausende der Handelsbeziehungen, Völkerwanderung, Flüchtlingsströme, Kriege und Liebesehen quer durch alle Kulturen.

5. Die Erkenntnis wuchs mehr und mehr, dass man die Unterschiede in Sprache, Kultur oder Religion der Menschen nicht an biologischen Vorgaben oder den Genen festmachen kann, sondern sie je für sich eine lange Kulturgeschichte haben, in die jeder in seiner Kindheit durch Sozialisation allmählich hineinwächst. »Die klassischen Argumentationen des biologischen Deterministen versagen, weil alle Merkmale, auf die sie sich zur Unterscheidung von Gruppen berufen, gewöhnlich Produkte der Kulturentwicklung sind.«[18]

Wenn etwa in einem armen Dorf in Afrika alle Kinder gemeinsam auf der Straße spielen und aufwachsen und mit wenig Schulbildung voneinander lernen, werden sie auf reines Akzeptieren von Wissen durch Größere und Stärkere geprägt. Denn es sind immer die älteren und stärkeren Kinder, die den Ton angeben. Das Kind wird dadurch auch auf das Lernen durch Frontalunterricht und das Wiedergeben von Erlerntem geprägt. Wächst ein Kind aus demselben Dorf bei bildungsnahen Eltern auf und durchläuft eine gute Schulbildung, wird er – wie etwa in Deutschland üblich – nicht mehr von älteren Kindern erzogen und bestimmt, sondern gewinnt seine frühe Prägung aus der Beziehung zu Erwachsenen, die ihn zum Selbstständigsein erziehen wollen. Das Ergebnis ist dasselbe wie in Deutschland. Umgekehrt: Ein deutsches Kind, das als Baby in einem armen afrikanischen Dorf adoptiert würde, würde dasselbe Lernverhalten entwickeln wie ein afrikanisches Kind dort.

Exkurs: Die Unsinnigkeit von Hitlers Rassengedanke

Da der Rassengedanke bei Hitler[19] eine so zentrale Rolle spielt, ist erstaunlich, dass Hitler Rasse sehr vage definiert und er praktisch nie auf irgendwelche Details der Rassenfrage oder der Einteilung der Rassen eingeht. Er gibt keiner speziellen Schule des Rassengedankens recht, differenziert wie die ganze völkische Bewegung nicht zwischen Begriffen wie »deutsch«, »germanisch«, »arisch« oder »nordisch« oder zwischen »Rasse«, »Volk«, »Vaterland« oder »Blut« und erwähnt noch nicht einmal die Rassen der quasi-offiziellen Rassenlehre von Hans F. K. Günther. Es gelte, die »wissenschaftlichen Einsichten der Rassenlehre« in die Politik umzusetzen. Wenn es aber um konkrete Belege geht, dann sind es immer Hitlers eigene Beobachtungen, die ihn erkennen lassen, wer zu welcher Rasse gehört und welche Rasse welche Kultur hervorbringt.

Wenn Hitler etwa schreibt: »Der rassisch reine und unvermischt gebliebene Germane des amerikanischen Kontinents ist zum Herrn desselben aufgestiegen«, dürfte kaum zu entschlüsseln sein, ob er hier mit den Germanen in Amerika die Nachkommen deutscher, nordeuropäischer oder europäischer Einwanderer oder allgemein die weiße Rasse meint. Hitler selbst hatte den Begriff »Arier« durch seine Verwendung vor allem in »Mein Kampf« verbreitet. Es unterstreicht das eben Gesagte, dass 1935 ergebnislos von der Reichsregierung versucht wurde, »arisch« durch »deutschblütig« zu ersetzen.

Lawrence Birken hat zu Recht darauf hingewiesen, dass diese in allgemeinen Aussagen verharrende Rassenlehre Hitlers der Grund war, warum die völlig unterschiedlichen Rassenlehren führender Nationalsozialisten alle in Hitler ihren Bezugspunkt finden konnten.[20]

Im Nationalsozialismus und seinem Schrifttum konkurrierten völlig widersprüchliche Rassenkonzepte miteinander. Folgte man Günthers Rassentypen, stellte sich die Frage, wo denn überhaupt die eigentliche nordische Rasse lebte. Der NS-Erziehungstheoretiker Ernst Krieg war gar der Meinung, Rasse sei eher anerzogen und durch völkische Disziplin zu vermitteln. Daneben stehen die vielen Inkonsequenzen: Ginge es etwa um die anerkannten äußeren Rassenmerkmale, dann hätten Schweden, Dänen, Norweger und Angehörige feindlicher Nationen einen höheren Rassenwert haben müssen.

Hitler machte die Rasse nicht an der Abstammung und am Aussehen fest, wie etwa Himmler, sondern an den in der Praxis erwiesenen Führungsfähigkeiten, wie etwa auch Goebbels. Die Rasse erkennt man an der Bewährung, etwa im Krieg oder in Führungsaufgaben, nicht am Äußeren. Hier spielt Hitlers Lehre von der großen Persönlichkeit als höchste Entfaltung der Rasse eine zentrale Rolle. So wird 1942 über Hitlers Aussage berichtet: »Der Rassenkrieg braucht nicht auszubrechen, wenn die Menschen nicht nach dem Äußeren, sondern nach ihrer Bewährung ausgesucht werden. Aussehen und Veranlagung laufen oft getrennt. Man kann die Auslese nach dem Äußeren und man kann sie – wie es die Partei gemacht hat – nach der Lebensbewährung treffen.« Hitlers Rassenverständnis ist im Grunde kein biologischer Rassenbegriff mehr. Hitler erkannte die Rasse und die Höherwertigkeit innerhalb einer Rasse daran, wie die Menschen auf seine »Idee« reagierten und ob sie kampfbereit waren, also seine Weltanschauung todesmutig in die Tat umsetzten!

Deswegen vertrat Hitler auch beispielsweise eine Auslese innerhalb von Geschwistern und war recht großzügig, bei Halb- oder Vierteljuden arische Rassenmerkmale zu erkennen. Gerade dieser Aspekt verstärkt aber den Hinweis, dass Hitler Menschen eben ihre Rassenzugehörigkeit ansah und nicht über irgendeinen wissenschaftlich reflektierbaren Weg ermitteln konnte und wollte. Und schließlich konnte Hitler deswegen Angehörige anderer Rassen höher als deutsche Bürger ansiedeln, etwa wenn er 1928 sagt: »Ein anatolischer Bauer hat mehr Wert als ein deutscher Literat.« Und er ist überzeugt, dass die »Japaner«, »Chinesen und die islamischen Völker uns immer näherstehen« als »Frankreich«.

»Rassen« sind aus Sicht der Genetik widerlegt

Neuere genetische Untersuchungen aus aller Welt bringen immer stärker die erstaunliche genetische Ähnlichkeit aller Menschen ans Licht, ebenso aber auch die erstaunliche Vermischung des Genbestandes. Auf der Ebene der DNA sind alle Menschen *eine* Rasse, nicht mehrere. »Die Ergebnisse der modernen Genetik haben einwandfrei bewiesen, dass es keine unterschiedlichen Menschenrassen gibt, sondern nur eine Spezies Mensch.«[21] Denn die genetischen Unterschiede zwischen Menschen innerhalb einer »Rasse« sind im Durchschnitt größer als die genetischen Unterschiede zwischen verschiedenen »Rassen«. »Die moderne DNA-Analyse, die festgestellt hat, dass die Gene gar nicht ins Gewicht fallen, die die sichtbaren Unterschiede kodieren, unterstützt die Ansicht vieler Fachleute (insbesondere Ethnologen und Soziologen), dass der Begriff der ›Rasse‹ außerhalb der Biologie keinem wissenschaftlichen Zweck mehr dient und deshalb vermieden werden sollte.«[22]

»Rassisten sind nach wie vor davon überzeugt, dass biologische Merkmale auch wesentliche Unterschiede im Verhalten, im Charakter, Temperament und bezüglich der Intelligenz bedingen. Die moderne Genforschung demonstriert das Gegenteil, sie zeigt, dass die kulturellen Unterschiede zwischen Gruppen keine biologischen Ursachen haben können. Man weiß heute, dass menschliches Verhalten, so auch die Intelligenz, unter dem Einfluss unterschiedlicher sozialer Bedingungen extrem formbar ist und im Wesentlichen das Produkt der Kultur darstellt, also erlernt ist.«[23]

Der bedeutendste Humangenetiker der Welt, der in Italien und den USA forschende Italiener Luigi Cavalli-Sforza, der die Disziplin 30 Jahre dominierte, legte mit etlichen Kollegen zusammen einen umfangreichen Genatlas vor, in dem er

Menschen aus allen Regionen der Welt anhand zahlreicher genetischer Kennzeichen analysierte. Er belegt, dass äußerliche Unterschiede wie Haut- und Haarfarbe, Haarstruktur und Nasenform nur eine Anpassung an unterschiedliche Klima- und Ernährungsbedingungen sind, die von einer recht kleinen Untergruppe von Genen bestimmt wird. Genetisch ist im Prinzip jede beliebige Gruppe bis hin zu den Bewohnern eines kleinen Dorfes von anderen unterscheidbar. Das heißt, dass beim Menschen die genetische Vielfalt so groß ist, dass es unzweckmäßig ist, den Menschen als biologische Art zoologisch zu untergliedern. Dieses Argument hatte übrigens schon ohne Kenntnisse der modernen Genetik 1871 kein anderer als Charles Darwin in seinem Buch über die Abstammung des Menschen benutzt.

Statistisch ist der genetische Unterschied zwischen wahllos ausgewählten Afrikanern und Europäern nur 15 % größer als der zwischen zwei Menschen aus ein und demselben Dorf.

Eine neue Studie 2008 führt noch weiter: »Wie variantenreich ist das menschliche Genom? Und wo lebten unsere direkten Vorfahren? Genau diese Fragen können nun erstmals mit einer weltweiten Karte der menschlichen Genvarianten beantwortet werden. Genauer als je zuvor können Wissenschaftler darin auch die Wanderungsbewegungen der Menschheit und die genetischen Unterschiede innerhalb einzelner Volksgruppen nachvollziehen. Die jetzt in der Fachzeitschrift ›Nature‹ veröffentlichte Studie basiert auf einer Kombination verschiedener genetischer Methoden zum Genvergleich. Wissenschaftler ... durchsuchten die DNA von 485 Menschen aus 29 verschiedenen Populationen und fünf Kontinenten und verglichen dabei drei Arten der genetischen Variation ... ›Jetzt, wo wir die Technologie besitzen, um tausende und sogar hunderttausende von genetischen Markern anzuschauen, können wir auf Beziehungen menschlicher Populationen und alte Wanderungsbewegungen in besserem Detail schließen als jemals zuvor.‹ ... Menschen afrikanischer Herkunft sind genetisch am unterschiedlichsten, gefolgt von Bewohnern des Nahen Ostens,

Asiaten und Europäern. Die geringste Variationsbreite entdeckten die Forscher bei den Ureinwohnern Amerikas.«[24]

Beispiel Blutfaktor

Die Blutgruppensysteme sind weltweit seit langem intensiv erforscht, auch in ihrem Vererbungsverhalten. Sie laufen quer durch alle vermeintlichen Rassen und Völker, nur ist ihre prozentuale Verteilung unterschiedlich. Dies gilt für »Blutgruppe« und »Rhesusfaktor«, aber auch für unbekanntere Blutmerkmale wie die HLA-Gruppe der Antigene, die bei Organverpflanzungen eine Rolle spielen. Beim Rhesusfaktor oder bei den Antigenen der HLA-Gruppe stehen sich dabei Europäer und Afrikaner am nächsten und unterscheiden sich gemeinsam von Asiaten, Eskimos und Indianern.

Deswegen kann sich jeder Mensch von jedem Menschen mit einer zu ihm passenden Blutgruppe Blut spenden lassen, ob Europäer, Asiate, Afrikaner oder Lateinamerikaner. Ein sogenannter »Universalspender« mit der Blutgruppe 0- (»Blutgruppe Null, Rhesus negativ«) kann jedem Menschen Blut spenden, gleich zu welcher Ethnie er gehört!

Die Genetik zur »weißen« Rasse

Genetische Untersuchungen bestätigen, was die Sprachwissenschaft ähnlich schon immer festgestellt hat, dass die Inder nicht mit anderen Asiaten verwandt sind, sondern mit den Europäern, weswegen man von den Indo-Europäern spricht. Neu ist dabei allerdings die Erkenntnis, dass das auch für Inder gilt, deren Hautfarbe wesentlich dunkler als die der Europäer ist.

Genetische Untersuchungen zeigen, dass auch bei blonden Nordeuropäern genetisch viele Vorfahren aus Asien nachweisbar sind und diese vermeintlich abgelegenen Völker ebenfalls aus einer Mischung einheimischer und weit zugewanderter Völker und Menschen bestehen.

3. »Schwarze«, »Gelbe«, »Rote«, »Weiße«

Drei Großrassen der Menschheit?

Wenn es überhaupt einen harten Kern der Einteilung in menschliche Rassen gab, dann sind es die drei »Rassen« der Negriden (»Schwarze«), Mongoliden (»Gelbe«, Asiaten) und Europiden (»Weiße«), wobei allerdings die Zuordnung und Nebenordnung etwa der Indianer, Eskimos oder australischen Aborigines völlig unklar blieb und bleibt.

Diese Einteilung folgt eigentlich nur drei äußerlichen Merkmalen: der Hautfarbe, der Behaarung und der Nasenform. Sie ist zudem nicht denkbar ohne die gleichzeitige Zuordnung zu den Kontinenten Afrika, Asien, Europa und Amerika.

RASSE KÖRPER- MERKMAL	Negride	Mongolide	Europide
Hautfarbe	hell- bis dunkelbraun	gelblich bis rötlich/bräunlich	hell bis dunkelbraun
Hautfarbe – traditionelle Bezeichnung	»schwarz« bis »braun«	»gelb« bis »rot«	»weiß«
Nase	kräftig und breit	niedrige Nasenwurzel, »Augenschlitze«	schmal und hohe Nasenwurzel
Kopfhaar	gekräuselt	dicht und straff	dünn und wellig
Haarfarbe	dunkel	schwarz	hell bis braun
Körperbehaarung	gering	gering	stark

Aber auch diese Unterscheidung funktioniert nur im Groben. Es gibt »Europide«, die eine dunklere Hautfarbe haben als die hellsten »Schwarzen«, und zwar selbst nach den unterschiedlichsten Einteilungen der verschiedenen Forscher. Und die Asiaten sind, was die Hautfarbe betrifft, de facto gar nicht von den Europäern zu unterscheiden, denn ihre Bandbreite von hell bis dunkler entspricht in etwa der Bandbreite der Europäer. Die »gelbe« Hautfarbe der »Mongoliden« dagegen ist eine reine Erfindung vom Ende des 18. Jh.s, für die nie eine wirkliche Begründung geliefert wurde.

In der klassischen Unterteilung gehören zur »weißen« Rasse – oft auch »Kaukasier« oder »Indo-Europäer« genannt – die Ainu in Japan, die Drawida in Indien, die Tamilen und Singhalesen in Sri Lanka, die Perser, Araber mit Berbern, die alten Ägypter (Kopten) und die Mauren, die Romanen, die Germanen und die Slawen einschließlich Russen und Polen, um nur die wichtigsten Völker oder Völkerfamilien zu nennen. Und diese Völker sollen alle so eng miteinander verwandt sein, dass man sie von Asiaten (»Gelben«) und Afrikanern (»Schwarzen«) unterscheiden kann?

Das Brockhaus-Lexikon von 1892 zählt zu den Kaukasiern die Hamiten mit Berbern, Altägyptern und Ostafrikanern, die Semiten mit Hebräern, Chaldäern, Kanaanitern, Assyrern, Babyloniern, Arabern und schließlich die Arier mit Indern, Medern, Persern, Afghanen, Kurden, Armeniern usw. Dazu gehören auch »der schwarzhaarige, dunkeläugige Typus mit einer Haulfarbe, die fast alle Schattierungen bis zum wirklichen Schwarz aufweisen kann. Sie umfassen die Mehrzahl der Bewohner Südeuropas, Nordafrikas, Südwestasiens«. Können also dem Augenschein nach »Schwarze« trotzdem Kaukasier sein und mit den Mitteleuropäern eine Rasse bilden?

Selbst der führende Rasseforscher des Dritten Reiches zählt in seinem 1982 neu aufgelegten schlimmen Werk »Die Nordische Rasse bei den Indogermanen Asiens«[25] unter anderem folgende Völker zu den Indogermanen mit nordischem Einschlag: Inder, Skythen, Javaner, Belutschen, Afghanen, Perser, Tadschiken, Saken und Armenier.

Und wie sinnvoll ist der Ausdruck »Farbiger«, wenn die »weiße« Rasse selbst eine enorme Bandbreite von hell bis dunkel umfasst? Ist es nicht einfach frei erfunden, dass »wir« »weiß« sind und die anderen »farbig« – nicht zufällig immer verbunden mit dem Unterton, dass sich aus der Farbe eine Wertung ableiten lässt?

Nur wenigen ist bewusst, dass er von einer noch viel größeren Spannbreite der Völker spricht, wenn er von »Schwarzen« und »Gelben« spricht. »Schwarze« wird ganz offensichtlich auf sehr unterschiedliche Völker angewandt, die außer der Hautfarbe meist nichts miteinander zu tun haben und deren Hautfarbe in der Helligkeit zudem eine enorme Bandbreite aufweist.

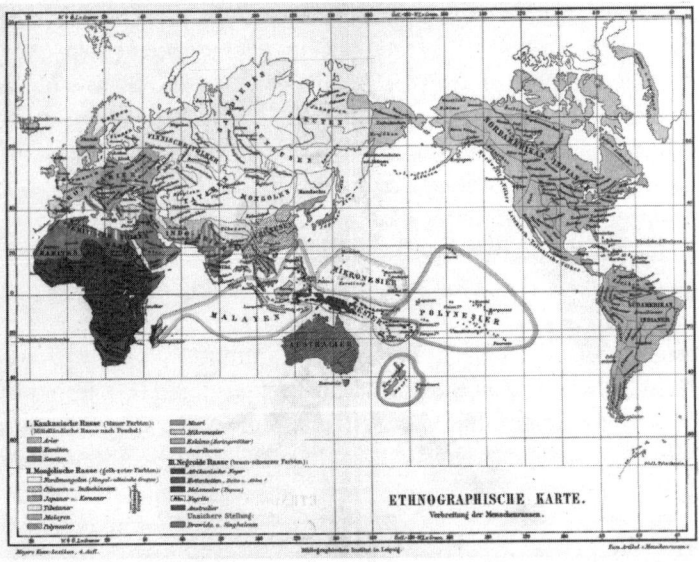

Abb. 1: Klassische Rassenkarte des 19. Jahrhunderts (Meyers Lexikon 1888)

Warum muss man aber überhaupt so klassifizieren? Bei der Volkszählung in den USA wird erfasst, ob jemand weiß, schwarz, Ureinwohner oder Hispanic ist. Von den vielen Nachkommen aus Mischehen und dem Umstand abgesehen, dass viele Einwanderer selbst nicht genau wissen, wer ihre Vorfahren waren, zeigt gerade letztere Kategorie, wie unsinnig diese Kategorisierung ist, denn Hispanics haben nur die Sprache gemeinsam, entstammen aber ansonsten völlig verschiedenen Ländern, Völkern und Hintergründen.

Der amerikanische Präsident Barack Hussein Obama ist Nachkomme eines Studenten aus Kenia aus dem Luo-Volk und einer »weißen« Amerikanerin. Abstammungsmäßig hat er nichts mit den meisten »Schwarzen« in den USA zu tun, die Nachkommen von vor vielen Generationen eingeschleppten unterschiedlichsten afrikanischer Stämme sind. Aber weil seine Hautfarbe nicht »weiß« ist, gilt er als »schwarzer« Politiker. Einen wirklichen Informationswert hat eine solche Zuordnung nicht.

Körpergröße

Nehmen wir als Beispiel die Körpergröße, die bei allen Menschen von wenigen Ausnahmen abgesehen zwischen 120 und 200 cm anzusetzen ist. Der Gruppenmittelwert liegt am niedrigsten bei einem Volk im Kongo mit 142 cm, am höchsten bei einem Volk am Oberen Nil im Sudan bei 185 cm. Nicht zufällig gehören beide Völker zu den »Schwarzen«. Die Massai in Ostafrika sind wegen ihrer Größe bekannt, die man darauf zurückführt, dass sie sich fast ausschließlich von tierischen Produkten ernähren. Lange Äthiopier, die bei der Olympiade gewinnen, sind weltweit bekannt. Gleichzeitig galt der Umstand, dass die kürzesten Menschen der Erde Afrikaner sind, lange als Zeichen dafür, dass sie entwicklungsmäßig zurückgeblieben sind. Deswegen ist es keine Frage, dass die Körpergröße für eine Rasseneinteilung nicht taugt, was aber nichts daran geändert hat, dass man 150 Jahre meinte, sie dafür nutzen zu können.

In Mitteleuropa schwankte die durchschnittliche Körpergröße in den Jahrhunderten erheblich, vor allem wohl aufgrund der Lebensbedingungen und der Verfügbarkeit von Nahrungsmitteln. Der Tiefpunkt lag im 17. und 18. Jh. bei durchschnittlich 163 cm für Männer, heute liegt er bei 18- bis 35-jährigen deutschen Männern bei 180 cm, bei Frauen bei 167 cm. Viele Untersuchungen haben gezeigt, dass die durchschnittliche Körpergröße einer Region ein direkter Indikator für die Lebensbedingungen ist.[26] So ist die Bevölkerung in Nordkorea seit dem Zweiten Weltkrieg bei durchschnittlich 159 cm stehen geblieben, in Südkorea dagegen auf 165 cm gestiegen. Mit »Rassen« hat das alles wenig zu tun.

Die Hautfarbenlehre und wie es dazu kam

Alle Versuche einer echten Klassifizierung der menschlichen Hautfarben und einer Zuordnung der Hautfarbe zu bestimmten Ethnien müssen als gescheitert gelten. Zwar ist der Anteil der die Hautfarbe bestimmenden Pigmente, vor allem der Melanine, genetisch bedingt, variiert aber innerhalb aller Ethnien und erst recht in geografischen Großregionen stark. Die hellsten Asiaten sind so hell wie die hellsten Europäer, die dunkelsten »Kaukasier« (»Weißen«) – gleich welche der vielen früheren Rasseneinteilungen man bevorzugt – sind so dunkel, dass sie fast alle Asiaten und sicher mehr als die Hälfte der Afrikaner in dieser Hinsicht übertreffen.

Übrigens: Die meisten Forscher gehen heute davon aus, dass der dunklere Hautton der ursprüngliche ist und die helleren europäischen und asiatischen Hauttöne sich unabhängig voneinander daraus entwickelt haben.

Historiker haben längst gezeigt, dass die Hautfarbenlehre, wie sie seit Carl von Linné (1707–1778) selbstverständlich wurde, nicht auf Forschung oder biologische Realitäten zurückging, sondern im 18. Jh. zur Beschreibung angeblicher kultureller Überlegenheit entwickelt wurde.[27]

Walter Demel hat die ersten Quellen europäischer Chinarei-sender gesichtet, die wie Marco Polo die Chinesen für »weiß« hielten. Erst im letzten Drittel des 18. Jh.s werden die Chine-sen erst »blassgelb« oder »weizengelb«, schließlich parallel zu den »Roten« zu den »Gelben«. Mit irgendeiner physischen Realität hat das wenig zu tun, mit einer von Europäern ge-schaffenen Schublade viel. Nicht zufällig war der erste, der von einer »gelben Rasse« sprach, der Philosoph Immanuel Kant, der Königsberg nie verließ und vermutlich nie in seinem Le-ben einen Asiaten gesehen hat. Gelb symbolisierte das Reich der Mitte und den Kaiser in China. Nur wurde davon die Haut nicht gelb, und schon gar nicht galt das für die vielen anderen asiatischen Völker wie Japaner, Koreaner oder Thailänder. Die »Gelben« sind de facto insgesamt genauso hell oder dunkel wie die Europäer. Wegen ihrer hochstehenden Zivilisationen mochte man sie nicht »braun« oder »schwarz« nennen, »weiß« durften sie aber auch nicht sein, da war »gelb« ein guter Kompromiss.

Dass die »Roten« ihre Farbsymbolik nicht ihrer Haut, son-dern ihrer Bemalung zu verdanken hatten, ist ebenfalls längst erwiesen. Überhaupt ist das ganze Genre des »Indianers«, der frei umherstreifend in der Prärie auf Jagd geht, eine reine Schutzbehauptung, die auf die Masse der Indianer nie zu-traf, es aber den amerikanischen Siedlern erleichterte, das Land der Indianer zu rauben, das diese angeblich nur nutz-ten, nicht aber besiedelten oder besaßen: So entschied der Oberste Gerichtshof der USA, dass Indianer ihr Land nur in Anspruch nähmen und kurzlebig nutzten, um wilde Tiere zu jagen, nicht aber als ihr Eigentum ansähen. De facto waren fast alle Indianer sesshaft und lebten in Dörfern und im Winter und Sommer in fest hin und her pendelnden Zeltsiedlungen. Zudem lebten die meisten von Pflanzenanbau, nicht von der Jagd auf wandernde Tiere.

Entstehung der Hautfarbenlehre

Reihen-folge	Farbe	Zeit	Vorherige Bezeich-nung
1	»Schwarze« (»Neger«)	vor dem 18. Jh.	»Mohr«, Afrikaner
2	»Weiße«	Anfang 18. Jh.	
3	»Gelbe« (»Schlitzauge«)	Mitte 18. Jh.	Chinesen, Asiaten
4	»Rote« (»Rothaut«)	Mitte 18. Jh.	Indianer

Exkurs: Die Äthiopier (»Mohren«) im Alten und Neuen Testament

Das Alte Testament geht davon aus, dass alle Völker Gott anbeten können und werden. Mit großer Selbstverständlichkeit werden dazu auch afrikanische Völker gerechnet: »Aus Ägypten werden Gesandte kommen und Äthiopien wird seine Hände zu Gott ausstrecken« (Psalm 68,32); »Ich zähle Ägypten und Babel zu denen, die mich kennen, auch die Philister und Tyrer samt den Äthiopiern« (Psalm 87,4).

Was Luther und andere mit »Mohren« wiedergaben, bezeichnet im Alten Testament »Kusch«, das heißt »Nubien« (heute überwiegend im Sudan gelegen) oder »Äthiopien«. Umgekehrt wird in Amos 9,7 klargestellt, dass Gott Israeliten, Ägypter und Äthiopier im Gericht gleich behandelt.

In der Kirchengeschichte spielte eine große Rolle, dass der erste Nichtjude, der sich zu Jesus Christus bekehrte, ein »schwarzer« Äthiopier war (Apostelgeschichte 8,27-39), nämlich der Finanzminister der äthiopischen Königin (8,27). In Äthiopien, in dem viele »schwarze« Juden lebten (und leben), entstand bald das erste christliche Königreich der Geschichte!

Ob an Pfingsten die Pilger aus Ägypten und Libyen (Apostelgeschichte 2,9-11) dunkelhäutig waren, ist nicht ganz klar, galt in der Kirchengeschichte aber als ausgemacht. Allerdings waren unter den 16 genannten Herkunftsregionen wohl kaum »weiße« Pilger aus Europa.

Wenn auch nicht im Neuen Testament selbst berichtet, galt es schon früh als ausgemacht, dass es *drei* Weise aus dem Morgenland waren, die als erstes Jesus anbeteten, von denen einer »schwarz« war (dem meistens der Name »Caspar« zugeschrieben wird). Er findet sich in praktisch allen Darstellungen der christlichen Kunst, in denen die drei Weisen (Könige) vor dem Kind in der Krippe erscheinen und die Darstellung eines Christus anbetenden Schwarzen prägte lange das theologische Denken positiv.

Wie entstehen Bilder und Unterschiedlichkeiten?

Kriterien, anhand derer Rassen definiert werden, sind beliebig wählbar. Der Bürger entscheidet heute aufgrund von durch ihn selbst festgelegten Kriterien beziehungsweise aufgrund solcher Kriterien, die ihm Erziehung Medien oder Politik vorgeben, unabhängig von irgendwelchen wissenschaftlichen Kriterien, wer zu einer »Rasse« gehört.[28]

Woher kommt es aber, dass wir etwa Chinesen oder Ukrainer als so anders aussehend empfinden? Das Aussehen des Menschen wird nicht nur von biologischen Gegebenheiten bestimmt, sondern auch von seiner Kultur, also der Gesamtheit dessen, was er von seiner Umgebung lernt und übernimmt. Von klein auf erlernen wir die Mimik, Gestik, Gangart und die Sprache unserer Umwelt. Frisur, Schminke, Kleidung tun ein Übriges. Von klein auf lernen wir auch, die vielen Gesichter und Menschen unserer Umwelt zu unterscheiden.

Treffen wir plötzlich auf Menschen, die nicht in dieses Schema passen, scheinen sie uns völlig anders und – wenn wir auf mehrere Personen einer uns fremden Volksgruppe treffen – erstaunlicherweise alle gleich oder ähnlich auszusehen. Als Deutsche haben wir nie gelernt, Japaner voneinander zu unterscheiden, obwohl Japaner unter sich natürlich so verschieden sind wie Deutsche. Der Polizei können wir ggf. keine genaue Beschreibung liefern, sondern nur sagen: »Er sah irgendwie asiatisch aus.« Würden wir lange in Japan leben, könnten wir die Menschen dort leichter unterscheiden und beschreiben.

Ich habe einen in der Schweiz aufgewachsenen »schwarzen« Freund, dessen Eltern bereits in der Schweiz eine gute berufliche Stellung innehatten. Er spricht Schweizerdeutsch, benimmt sich wie ein Deutsch-Schweizer, sieht auch so aus – bis auf die Hautfarbe. In der Dämmerung hält ihn jeder Schweizer für einen Schweizer, weil er sich »richtig« bewegt usw., am Telefon sowieso. Erst bei Lichte besehen tritt dann die Irritation ein.

In der islamischen Welt waren zu bestimmten Zeiten jeweils Araber, Perser und Türken die beherrschenden »Völker«, und im Ergebnis sind sie sich bis heute feindlich gesinnt. Welcher Europäer kann aber Menschen der drei islamischen Gruppen der Araber, Perser und Türken einem Volk zuordnen, wenn sie gleich frisiert und angezogen sind? Die Bedrohlichkeit, die viele Europäer oft beim Anblick orientalischer Menschen empfinden, findet sich nur dann, wenn diese mit typischen Merkmalen ausgestattet sind, zum Beispiel mit einem starken, dunklen Bart. Unauffälliger gekleidet, frisiert und ohne die Sprache zu hören, kann ein Europäer nicht sagen, ob er einen dunkleren Italiener oder einen Araber aus Afghanistan vor sich hat.

Entmenschlichung und Kannibalismus

Zum Repertoire des Rassismus gehört die »Entmenschlichung« anderer »Rassen« und Gruppen. Nicht erst Hitler erklärte andere – hier die Juden – zu Bakterien, Pilzen, Affenähnlichen und den Tieren näher als den Menschen Stehenden. Durch zahlreiche Abbildungen versuchte man zu zeigen, dass Juden wie Affen aussähen, eine Vorgehensweise, die man am intensivsten jahrhundertelang auf die »Neger« anwandte.[29] Typischerweise verwies nie jemand darauf, dass »Weiße« ihre dünnen Lippen mit Schimpansen gemeinsam haben...

Abb. 2: Vergleich von Affen und ›Negern‹ in einem Buch von Ernst Haeckel von 1877.

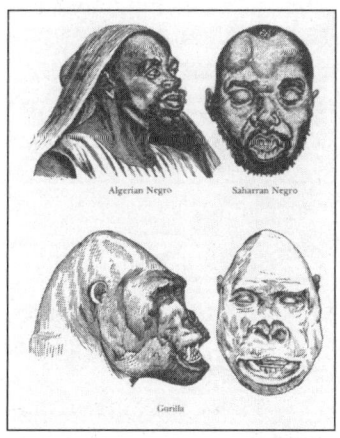

Abb. 3: Mit solchen Tricks versuchte man im 19. Jh. die Ähnlichkeit von Afrikanern und Affen zu beweisen (aus dem wissenschaftlichen Werk ›Types of Mankind‹ von 1854).

Die Japaner hielten die Europäer jahrhundertelang für roh und tierähnlich, weil sie ihrer Meinung nach so viele Haare hätten und sich so viel mit Hunden abgäben. Chinesen erkannten bei den Europäern ihre Nähe zu Affen und hielten sie für Albinos, die auf unnatürliche Weise oder durch Dämonen ihre Farbe verloren hätten. Ihr Schwitzen erschien ihnen bedrohlich. Frank Böckelmann[30] hat gründlich aufgezeigt, wie Japaner, Chinesen und Westafrikaner die Europäer sahen, aber auch wie Asiaten etwa »Schwarze« sahen. In rassistischer Verachtung stand keiner dem anderen nach. Diese Sichtweisen empfinden wir als unsinnig und ohne jeden Beweis, nur war der europäische Blick nicht weniger unbegründet.

Ich habe in einer Studie zum »Kannibalismus« ausführlich die ethnologische Diskussion referiert, ob es überhaupt je Kannibalismus als Teil einer Kultur gegeben hat oder ob der New Yorker Anthropologieprofessor William Arens recht mit einer These hat, dass es dafür keinen Beleg für irgendein Volk gibt, der vor Gericht Bestand hätte.[31] Aber auch unter den Forschern, die diese Position für überzogen halten, steht außer Frage, dass in der Masse der Fälle von Kannibalismus, von denen im Laufe der Geschichte berichtet wurde, ohne dass es je Zeugen gegeben hätte und nur ein Bruchteil der Berichte zu verifizieren waren und sind. Vielmehr ist »Kannibalismus« ein beliebter Vorwurf gegen Fremde und diente den Europäern regelmäßig dazu, die Ausbeutung von Indianern oder Afrikanern zu rechtfertigen. Die ersten Christen wurden ebenso von den Römern als Kannibalen verdächtigt wie die Iren von dem griechischen Geschichtsschreiber Strabon oder die Skythen von seinem Vorgänger Herodot.

Schon der Afrikaforscher, Anthropologe und bedeutende Missionar David Livingstone kam für Afrika 1874 zu einem ähnlichen Ergebnis. Er bereiste große Teile Afrikas, unter anderem, um Beweise für den Kannibalismus zu finden. Erstaunt stellte er fest, dass es keinen Beweis gibt. Er stellte aber fest, dass beinahe alle Schwarzen davon überzeugt waren, dass die Weißen

Menschenfresser seien, ein Vorwurf, den bereits 1455 die ersten Erforscher des Gambia-Flusses entgegennehmen mussten.

4. IQ-Rassismus

Sind »Weiße« intelligenter als »Schwarze«?

Da mittlerweile alle Versuche, Rassen durch Messungen zu unterscheiden, als gescheitert gelten müssen, wurde eine neue, vermeintlich exakte Messmethode zur Unterscheidung von »Rassen« beliebt: die Reihentests zur Messung des Intelligenzquotienten (IQ). »Was die Kraniometrie [Schädelvermessung] für das neunzehnte Jahrhundert war, ist der Intelligenztest für das zwanzigste geworden ...«[32] Der IQ scheint das letzte verbleibende Reservat derer zu sein, die meinen, die »weiße Rasse« (wenn schon nicht die Europäer für sich allein) sei überlegen. Wieso haben dann nicht die Japaner oder die Juden (die aber zu den »Weißen« gehören) die Welt kolonialisiert – ist doch deren Durchschnitts-IQ aufgrund derselben Untersuchungen in den USA höher? Und warum bieten die Europäer oder Amerikaner dann nicht den Japanern und den Juden die Weltherrschaft an, sondern feinden sie an?

»The Bell Curve« ist ein kontrovers diskutiertes Werk zweier Professoren der *Harvard University*, Charles Murray und Richard Herrnstein, und vertritt vor allem die These, dass schwarze Amerikaner bei IQ-Tests durchschnittlich einen um etwa 15 Punkte niedrigeren IQ als Weiße haben und dieser Unterschied zu wenigstens 60 % genetisch bedingt sei und sich deswegen auch durch Schulbildung nicht erhöhen lasse. Dazu ist zu sagen:

1. Einmal angenommen, die Ergebnisse seien unantastbar, ist die Antwort auf die Frage, wie sich die Unterschiede

erklären lassen (genetisch, »rassisch« oder vielmehr durch soziale und kulturelle Gegebenheiten), offen wie eh und je, denn die Forscher konnten kein Intelligenzgen nachweisen. Oder soll der Umstand, dass in den USA 40 % aller »Schwarzen«, aber nur 5 % aller weißen Kinder in Armut leben, keine Rolle spielen?

2. Man hat also nicht untersucht, ob Angehörige verschiedener Hautfarben sich in puncto IQ auch dann voneinander unterscheiden, wenn sie unter fast gleichen sozialen Bedingungen aufwuchsen. Einige wenige andere Untersuchungen sprechen eine andere Sprache. So erreichen etwa kanadische Schwarzafrikaner der Mittelschicht nach Durchlaufen des kanadischen Bildungssystems bei IQ-Tests 20 Punkte mehr als Testteilnehmer aus ihren Herkunftsvölkern.

3. Es handelt sich nur um einen Gesamtdurchschnitt. Bei allen Gruppen kommt die ganze Streuung vor, bis hin zu extrem Hochbegabten. Durchschnittsverfahren sind sehr unzuverlässig, denn bei allen Gruppen liegt ja dieselbe Bandbreite vor.

Doch sind die Messungen selbst überhaupt zuverlässig?
Sie können es aus mehreren Gründen nicht sein:

1. Es gibt keine kulturfreien IQ-Tests. Befragt man Deutsche nach dem, was für Eskimokinder von Bedeutung ist, stehen die Deutschen »dumm« da und umgekehrt. Die amerikanischen IQ-Tests spiegeln das westliche Bildungsverständnis wider, nicht aber ein universales Intelligenzverständnis oder Wissen.

2. Höhere Begabung oder Hochbegabung ist bekanntlich noch keine Garantie für Erfolg und Überlegenheit. Die meisten Hochbegabten scheitern im alltäglichen Leben, wenn nicht die Familie oder Mentoren im Hintergrund stehen. Neben dem, was ein IQ-Test misst, gibt es im Leben

noch viele andere Intelligenzen, die von Bedeutung sind, etwa der sog. EQ, die Emotionale Intelligenz, Kommunikationsfähigkeit mit anderen, Verarbeitungsfähigkeit von Problemen und Anpassungsfähigkeit an die Umwelt.

3. Nicht zuletzt ist aber die Begrenzung der Untersuchung auf »Schwarze« und »Weiße« falsch, denn es gibt, wie schon gesagt, Ethnien, die bei IQ-Tests im Durchschnitt besser als »weiße« Amerikaner oder Europäer abschneiden, nämlich Juden und Japaner mit 11 Punkten mehr.

Primitive Sprachen?

Zum Thema IQ muss noch ergänzt werden: Ein Teil der Messung des IQ hat mit der Sprachfähigkeit zu tun. Früher glaubte man allen Ernstes, »primitive« Völker hätten »primitive« Sprachen. Die evolutionistische Theorie der Kulturentwicklung vom Naturvolk zum zivilisierten Volk legte das nahe. Längst wissen wir, dass das Unsinn ist. Naturvölker haben oft hochkomplizierte, stark ausdifferenzierte Sprachen. Es gibt eigentlich keine primitiven Sprachen, sondern höchstens Sprachen, die andere leichter (z. B. Englisch) oder schwerer (z. B. Japanisch) erlernen können.

»Die moderne Linguistik ist noch weitergegangen: Jede Sprache, jeder Dialekt, habe eine gleich komplexe Struktur. Noam Chomsky beschäftigte sich mit der Fähigkeit des Menschen, eigenständig die komplizierten Regeln seiner Muttersprache zu erarbeiten und laufend Sätze zu bilden, die er noch nie gehört hat. Die heutigen Linguisten sind sich darin einig, daß jedes Kleinkind jede beliebige Sprache erlernen könnte, unabhängig davon, welche Sprache seine Eltern gesprochen haben. Damit ist aber auch klargestellt, was die Sprachwissenschaft beim Studium unserer Frühgeschichte leisten kann und was nicht. Verwandtschaften zwischen Sprachen können helfen, frühe Wanderungsbewegungen nachzuvollziehen, aber niemals eine Rangordnung unter verschiedenen Völkern aufzustellen.«[33] Jedes Baby der

Welt ist so unglaublich intelligent, dass es jede menschliche Sprache entschlüsseln und lernen kann.

Europäische Kulturentwicklung?

Der Ackerbau wurde nicht in Europa erfunden, und die europäische Überlegenheit war lange Jahrtausende nicht zu erwarten. Selbst das Römische Reich, dessen Zentrum Rom immerhin in Europa lag, wurde nicht als europäisch verstanden – sein langlebigster Teil, das Byzantinische Weltreich, lag bis ins 15. Jh. teilweise in Asien und sogar in Afrika. Die Überlegenheit der Europäer entwickelte sich erst im 15. Jh. und vor allem durch die Überlegenheit der Waffentechnologie. Noch um 1000 n. Chr. hätte niemand Grund zu der Vermutung gehabt, dass die Europäer einmal etwa 600 Jahre die Weltgeschichte bestimmen würden. Was aber sind 600 Jahre für die genetischen bzw. biologischen Entwicklungen? Es ist sicher berechtigt, nach den Ursachen des Aufstiegs der Europäer zu fragen – war es das gute Klima, die Lebens- und Ernährungsweise, die christliche Religion, die Konkurrenz durch eine Vielzahl von politischen Einheiten, die zunehmende Immunität gegen Seuchen nach gigantischen Verlusten durch eben diese, was die Indianer in Amerika so nicht hatten – alles Theorien, die von Historikern aufgestellt wurden und die vermutlich wie so oft alle irgendwie gleichzeitig richtig sind, nur: Mit der Rassenfrage oder irgendeiner biologischen Determiniertheit oder Überlegenheit der Europäer hat das alles nichts zu tun.

5. Wir sind alle »Mischlinge«

»Mestizen« und »Bastarde«?

Christian Schüller und Petrus van der Let nennen ihr Buch treffend »Rasse Mensch: Jeder Mensch ein Mischling«. Die

»Ergebnisse der Genetik«, so die Autoren, »erzählen die Geschichte der Menschen auf eine völlig neue Weise: Es ist eine Geschichte ständiger Vermischung. Je genauer wir eine Bevölkerungsgruppe analysieren, desto vielfältiger wird sie. Ausnahmen sind die Regel!«[34]

Es ist eines der merkwürdigsten Phänomene, wie negativ in fast allen Kulturen die »Rassenvermischung« angesehen wird, während sich jährlich Millionen von Männern und Frauen über solche »Rassegrenzen« hinweg verlieben, heiraten und Kinder bekommen und keiner die Grenzen der Rassen bestimmen kann. Biologisch spricht nichts dagegen, ja, wenn denn schon die Biologie dabei eine Rolle spielen sollte, wissen wir, dass ein fremder Genpool immer besser ist als zu häufige »Inzucht«.

»Bastard« ist nicht nur ein Schimpfwort im Hinblick auf eine uneheliche Abstammung, sondern seine Bedeutung als »durch Rassen- oder Artenkreuzung entstandenes Tier oder entstandene Pflanze« oder als stammbaumloser Hund, wird bis heute allzu gerne auf den Menschen übertragen. Warum nur haben die europäischen Sprachen nur abfällige Begriffe, aber keine neutralen Worte für Kinder aus »binationalen« Beziehungen?

Bei der Warnung vor »Rassenmischung« ist offensichtlich die Auffassung, wo die eigene, zulässige Rasse anfängt und aufhört, sehr unterschiedlich und beliebig wählbar. Darf ein Deutscher einen Franzosen heiraten? Vor noch nicht allzu langer Zeit, galt das als Rassenproblem, heute nicht mehr, vorausgesetzt es ist ein »echter« Franzose und kein dunkelhäutiger Einwanderer ...

Wohlgemerkt, hier soll nicht einfach so getan werden, als wenn jede Warnung vor »binationalen« Ehen verkehrt sei. Wer einen Partner aus einem anderen Sprach- und Kulturkreis wählt, hat ebenso wie jemand, der einen Partner aus einer anderen Gesellschaftsschicht wählt, mancherlei Probleme zu überwinden. Verschiedenheit der Sprache kann die eheliche

Kommunikation erschweren, verschiedene Erwartungen der Schwiegereltern das Leben beschwerlich machen. Eine moderne, atheistische deutsche Frau wird sich schwertun, mit einem Prinzen des saudi-arabischen Königshauses zusammenzuleben. Aber all das ist nicht biologisch, genetisch, rassisch begründet, sondern in der unterschiedlichen Sprache, Kultur, Religion, Bildung oder Gesellschaftsschicht der Menschen.

Welche Probleme haben »Mestizen« (Indianer und Weiße), »Mulatten« (Schwarze und Weiße) und »Zambos« (Indianer und Schwarze) in Lateinamerika, die dort oft die Bevölkerungsmehrheit ausmachen, wirklich? Gelten sie nicht nur deswegen als »Mischlinge«, weil wir die drei nach Hautfarben sortierten Rassen im Hinterkopf haben, während *wir* bei anderer Rassenaufteilung genauso »Mischlinge« sind? Und welcher Deutsche weiß schon, ob sich unter seinen Vorfahren nicht auch Afrikaner und Asiaten befinden – die Genforschung legt das für jeden von uns nahe!

Jeder Deutsche hatte rechnerisch zur Zeit Luthers vor 20 Generationen 1 Millionen Vorfahren, also theoretisch mehr, als damals in Deutschland lebten. Da Neffen und Cousinen heirateten und durch andere Verwandtschaften unserer Vorfahren reduziert sich die Zahl natürlich, aber wer will schon sagen, woher all diese Vorfahren stammen? Bei 30 Generationen sind wir schon bei 1 Milliarde Vorfahren, bei 40 Generationen rückwärts – also etwa im Jahr 1000 n. Chr. – bei theoretisch 1 Billion Vorfahren, also einem mehrfachen der Zahl aller Menschen, die es je gegeben hat. Die Vorstellung, dass die Masse unserer Vorfahren aus einer kleinen Region stammt und nicht aus allen Teilen der Welt, ist bestenfalls Wunschdenken. Wer will schon garantieren, dass er keine Mongolen unter seinen Vorfahren aus der Zeit hat, als die »Hunnenstürme« um 450 n. Chr. bis Frankreich kamen?

Von den über 35 Mio. Hispanics, die in der Volkszählung 2000 in den USA gezählt wurden, bezeichneten sich 42,2 % als »einer anderen Rasse« angehörig. 47,9 % ordneten sich bei den weißen Hispanics ein. Als aus mehreren Rassen stammend bezeichneten sich 6,3 % der Hispanics. In Wirklichkeit gibt es die Rasse der Hispanics in den USA natürlich nicht – sie sind ein bunt zusammengewürfelter Haufen aus aller Welt, der eben nur nicht Englisch, sondern eine Variation des Spanischen als Muttersprache hat. Die Zuordnung dagegen entsteht im Kopf des Einzelnen.

Anteil der »Mestizen« in Lateinamerika	Anteil der »Mulatten« (»Weiß« und »Schwarz«) in ausgewählten Ländern
Costa Rica 94 % (Europäer und Mestizen) El Salvador 90 % Honduras 90 % Venezuela 75–80 % (Mestizen und Mulatten) Panama 70 % Chile 65 % Nicaragua 69 % Ecuador 65 % Mexiko 60 % Kolumbien 58 % (+ 14 % Mulatten) Belize 49 % Peru 37 % Bolivien 30 % Argentinien 13 % Uruguay 8 %	Dominikanische Republik 73 % Puerto Rico 30 % Surinam 30 % Kolumbien 14 % Venezuela 10 % Jamaika 7 % Haiti 5 %

In Brasilien beträgt der Gesamtanteil der als »Pardos« bezeichneten gemischten Bevölkerung 38 %, zu dieser Gruppe gehören aber neben den Mulatten auch Caboclos (indianisch-europäische Mischlinge) sowie diverse andere Mischungen. In Brasilien gab es eine breite politische Strömung des branqueamento, mit der man die »brasilianische Rasse« verbessern und durch Zumischung des »weißen Blutes« europäischer Einwanderer das »schwarze Element« in der brasilianischen Bevölkerung zum Verschwinden bringen wollte, wobei oft dunkelhäutige Brasilianer selbst versuchten, die vermeintliche Schande für ihre Nachkommen abzuschütteln.

Völkervermischung in der Geschichte

Der Mythos des »reinen Blutes«, das sich über Jahrtausende nicht mit fremden Rassen vermischt hat, ist zwar durch nichts zu belegen, aber wohl unsterblich. Die rechtsextremistische Partei NPD definiert Rasse beispielsweise so: »Eine Rasse ist eine Gemeinschaft von Menschen, die sich durch Absonderung über genügend lange Zeit anders entwickelt hat als die übrigen Menschen der Art und die annähernd genetische Einheitlichkeit und annähernde genetische Beständigkeit erreicht hat«.[35]

Damit ist aber der Rassebegriff für Menschen schon widerlegt. Denn wo gab es je eine solche Absonderung? Die Menschheit ist eine Geschichte der Völkerwanderungen, Kriegszüge, weltumspannenden Handelsbeziehungen, und selbst bei den wenigen Völkern, die man für wirklich über lange Zeit abgesondert hielt, wie den Buschmännern oder den australischen Aborigines, weiß keiner, wie ihre Frühgeschichte aussah und lehrt uns die Genetik, dass ihre Völker auch zuvor weit gewandert sind. Im NPD-Verlag versucht etwa Johannes P. Ney eine moderne Rassenlehre vorzulegen, schreibt aber selbst, dass es »reine« Menschenrassen nicht gibt und bezweifelt selbst für die geografisch abgeschotteten Polynesier ihre »Blutreinheit«, da sie als Meister des Bootsverkehrs sicher viel in der Südsee gereist sind und sich viel mit anderen Völkern der Südsee vermischt haben.[36]

Unvermischte Germanen oder Türken?

Je kleiner ethnische Gruppen im Vergleich zu den vermeintlichen »Großrassen« sind, desto unsinniger ist es, von ras-

sischen Unterschieden auszugehen, die von jeder »Vermischung« reinerhalten wurden.

Die meisten Türken glauben etwa an eine »türkische Rasse«.
Tatsächlich aber haben sich an der Schnittstelle von Europa
und Asien im Vielvölkerstaat des Byzantinischen Weltreiches
ebenso wie im Vielvölkerstaat des Osmanischen Reiches auf
dem Boden der heutigen Türkei ungezählte Völker und Gruppen
Jahrtausende lang miteinander vermischt. Dass Mustafa Kemal
Atatürk, der Vater der modernen Türkei und des türkischen
Nationalismus, selbst wohl albanischer Abstammung war, ver-
anschaulicht das gut.

Lange versuchte man, die Deutschen und die Franzosen als
rassisch unterschiedlich anzusehen und etwa auf Germanen
und Kelten zurückzuführen. Karl der Große gilt als Stammvater der französischen Könige ebenso wie als Stammvater der
deutschen Kaiser, und zu Karls Zeiten konnten sich Franken
und Deutsche sogar noch sprachlich miteinander verständi-
gen – das erste bekannte zweisprachige Dokument ist der
Reichsteilungsvertrag unter den Söhnen Karls. Deutschland
und Frankreich verschoben ihre Grenzen ständig hin und her,
der französische König hatte Lehen in Deutschland und wollte
auch schon mal deutscher Kaiser werden. Jahrhundertelang
war Französisch die Bildungssprache in Deutschland. In der
Schweiz oder im Elsass mit Straßburg verschwammen die
beiden Kulturkreise. Trotzdem bilden sich bis heute einzelne
Deutsche ein, dass es genetisch so etwas wie einen Deutschen
und einen Franzosen gebe und die Unterschiede der beiden
Staaten völkisch begründet seien und nicht in ihrer unterschiedlichen Sprache, Kultur, Geschichte, Weltanschauung,
Staatsform und ihrem Rechtssystem liegen.

Meine Vorfahren sind zum Beispiel wahrscheinlich refor-
mierte Hugenotten, die, aus Frankreich vertrieben, vorüber-
gehend als »Salzburger Protestanten« in Österreich lebten,
dann nach Danzig weiterwanderten und dort Teile Preußens
urbar machten. Wer weiß, wer sich unter meinen Vorfahren

zwanzig Generationen zurück alles auftreiben ließe? Bin ich nun Deutscher oder Franzose?

Dass man in Mitteleuropa nach all dem »Rassengemisch« im Römischen Weltreich, den anschließenden Völkerwanderungen, Eroberungszügen aus allen Himmelsrichtungen, dem Einfall asiatischer Reitertruppen und der Zuwanderung aus aller Welt überhaupt von irgendeiner Rasse sprechen will, die seit Jahrtausenden stabil ist, kann nur damit erklärt werden, dass der Wunsch Vater des Gedankens ist und der moderne Nationalstaat eben gerne eine biologische, religiöse oder sonstig fixe Verankerung des Staatsvolkes hätte. Studien an Y-Chromosomen legen nahe, dass die Völker Europas keinen feststellbaren Ursprung haben, sondern auf immer neue Einwanderungswellen aus verschiedenen geografischen Richtungen zurückgehen.

Theodor Christlieb, ein von Geburt württembergischer, aber vor allem in Bonn wirkender Theologe, des 19. Jh.s, über den ich meine erste Dissertation schrieb, verdankt seinen ungewöhnlichen Namen dem Umstand, dass sein Großvater ein türkisches Findelkind war, das die württembergischen Pflegeeltern »Christlieb« tauften. Er selbst hielt sich aber für einen strammen Deutschen und Kaiser Wilhelm II. wohl auch, als er ihn zum Hofprediger berief, wobei Christlieb die Stelle nicht antreten konnte, weil er verstarb.

Und wieder kommt uns die Genforschung mit allerneuesten Ergebnissen zu Hilfe: »Nur wenige Deutsche sind echte Germanen: Lediglich sechs Prozent aller Deutschen haben väterlicherseits einen germanischen Ursprung. Das behauptet die Studie eines Genanalyse-Labors. 30 % stammen danach von Osteuropäern ab. Und noch eine Erkenntnis kam dabei heraus: Deutsche Frauen sind deutscher als die Männer. Jeder zehnte Deutsche hat nach einer Schweizer Studie jüdische Vorfahren. ... Forscher [fanden] ... zudem heraus, dass lediglich sechs Prozent aller Deutschen väterlicherseits germanischen Ursprungs sind. 30 % stammen danach von Osteuropäern ab.

Für die bislang unveröffentlichte Studie seien 19 457 Genanalysen verglichen worden. Die Genforscher kamen bei der Untersuchung der mütterlichen Linien überdies zu dem Ergebnis, dass die deutschen Frauen wesentlich häufiger als die Männer germanischer Abstammung sind, nämlich zur Hälfte. Die Forscher erklären diesen Unterschied mit der durch Kriege verursachten kürzeren Lebenszeit der männlichen Ahnen. Die moderne Genetik zeige die Unsinnigkeit des Rassismus auf, sagte Imma Pazos, eine der Wissenschaftlerinnen. Alle Genanalysen bewiesen, dass jeder Mensch unzählig viele Wurzeln habe und in jedem ein ›Mischmasch‹ stecke.«[37]

Ich will nicht verhehlen, dass ich – zugegebenermaßen als Nicht-Naturwissenschaftler – etwas besorgt bin, ob die Wissenschaft im Fall der Genforschung am Menschen mit solchen Ergebnissen nicht wieder einmal den Mund zu voll nimmt und manches von dem, was gerade fest behauptet wird, morgen schon von der nächsten Generation der Genforscher zurechtgerückt wird, aber nichts von alledem wird vermutlich eine sinnvolle Grundlage für das Rassedenken zurückkehren lassen.

Exkurs: War das Heiratsverbot mit Nichtjüdinnen im AT rassistisch?

Das Alte Testament berichtet häufiger von Scheidungen von ungläubigen, heidnischen Frauen (z. B. Esra 9,1-10,44, bes. 9,1 und 10,3; Nehemia 9,2; 10,29; 13,3; Maleachi 2,10-16). Das Verbot, nichtjüdische Ehepartner zu heiraten, war aber kein rassisches, sondern ein religiöses Verbot. Verboten war die Heirat mit der »Tochter eines fremden Gottes« (Maleachi 2,11), also einer Frau, die an einen anderen Gott glaubte. Trat ein Heide oder eine Heidin zum Glauben an den Gott Israels über, durften sie sehr wohl geheiratet werden, so wie umgekehrt ein Jude oder eine Jüdin, die fremden Göttern dienten, nicht geheiratet werden durften. Im Stammbaum Jesu (Matthäus 1,1-17) erwähnt Matthäus viermal Frauen, und zwar jedes Mal, wenn es sich um heidnische Frauen handelt: Tamar, Batseba, Rahab und Rut. Rut war von Haus aus Moabiterin (Rut 1,4) und das, obwohl gerade die Moabiter in besonderer Weise vom Gottesvolk ausgeschlossen waren (5. Mose 23,4). Weil sie aber ihrer Schwiegermutter schwor: »Dein Volk ist mein Volk und dein Gott ist mein Gott« (Rut 1,16) und damit zum jüdischen Glauben übertrat, konnte sie von Boas geheiratet werden und die bekannteste Stammmutter Davids und Jesu werden.

II. | Zur Geschichte des Rassismus und seiner Begründung

1. Geschichte der rassistischen Theorien

Antike

Es ist umstritten, inwieweit es in der Antike schon Rassismus gab. Die einen argumentieren, dass es weder etwas dem Begriff »Rasse« entsprechendes gab noch die spätere Verachtung der »Schwarzen«. Die Antike war enorm multikulturell, die Vorstellung »ein Volk, eine Nation, ein Staat«, also der Nationalstaat, war der Antike völlig unbekannt, und selbst die Sklaverei folgte weniger der Volkszugehörigkeit, als dass sie ein Beweis dafür war, dass Klassenunterschiede selbstverständlicher Bestandteil aller antiken Gesellschaften waren.

Zunächst einmal gibt es aber den Rassismus in anderen Regionen der Erde. Die Chinesen verachteten alle Völker, die nicht zur »Mitte« gehörten. Auch das indische Kastenwesen kann, wie ich weiter unten darlegen werde, dem Rassismus zugeordnet werden.

Das Mittelalter und die Aufklärung knüpften beim griechischen Philosophen Aristoteles an, der lehrte, »Barbaren« seien von Natur aus minderwertig und deswegen zur Sklaverei geboren. Man müsse mit ihnen wie mit Tieren umgehen. Auch wenn »Natur« (*physis*) bei Aristoteles nicht wie später die Biologie, sondern den Daseinszweck meint, findet sich hier doch schon die Verknüpfung zwischen einer biologisch-körperlichen Gruppenzugehörigkeit mit den Merkmalen der Zivilisationsunfähigkeit und Tierähnlichkeit, die zur Versklavung berechtigt, ja verpflichtet.

Die Entstehung des europäischen Rassismus im 15. Jahrhundert

Mit dem Universalismus des Christentums trat »ein neues, der Antike bis dahin fremdes Konzept«[38] in die Weltgeschichte ein. Die eigentliche Geschichte des europäischen Rassismus im engeren Sinne beginnt erst nach fast einem Jahrtausend christlicher Geschichte im 15. Jh.

Eigentlich kann man sagen, dass es vor 1400 noch gar keine ideologisch so definierten »Rassen« gab[39], falls die arabischen Sklavenhändler nicht schon früher ihre Sicht der Unterlegenheit der schwarzen Sklaven entwickelt haben. Jedenfalls bringen ab 1400 die Spanier und Portugiesen durch ihre Wirtschaftskontakte nicht nur den arabischen Sklavenhandel nach Europa, sondern mit ihm auch die Vorstellung, Schwarzafrikaner seien keine oder niedere Menschen[40], die man noch nicht einmal zum Christentum bekehren könne. Dazu gehörte auch die islamische Sicht, dass Noah in Ham die schwarze Rasse verflucht hätte.[41]

In Spanien setzte sich Ende des 15., Anfang des 16. Jh.s als Folge der *Reconquista*, der christlichen Rückeroberung ganz Spaniens, eine neue Sicht durch. Zwar hatte man die meisten Juden und verbliebenen muslimischen Mauren ab 1492 gezwungen, sich taufen zu lassen, aber jetzt wurde aus der gängigen religiösen Intoleranz eine rassische. Juden und Mauren blieben aufgrund ihrer Abstammung Ungläubige und Feinde auch nach der Taufe.

Der Antisemitismus gewann also mit der spanischen Politik der »Blutreinheit« (*limpieza de sangre*) eine neue Form, waren doch jetzt zum Christentum konvertierte Juden oder deren Nachkommen (Marranos) die Zielscheibe, weil deren religiösem Bekenntnis misstraut wurde. Wer nur ein Ururgroßelternteil jüdischer Herkunft hatte, galt als nicht »blutrein« und gefährlich.

Aus der christlichen Glaubensgemeinschaft, der eigentlich jeder angehört, der durch die Taufe zu einem Teil der Gemeinschaft geworden ist, wurde eine Abstammungsgemeinschaft, in die man hineingeboren wurde, in die man aber von außen nicht mehr einfach gelangen konnte – eine Pervertierung der neutestamentlichen Botschaft.

Es ist paradox, dass dieser Rassismus gerade in Spanien und Portugal entstand, weil gleichzeitig in den neuen Kolonien in Latein- und Mittelamerika die Vermischung aller »Rassen« normal war. Denn ab 1500 rangen die Spanier mit der Frage des Verhältnisses zu den Indianern in Lateinamerika. Die Dominikaner Francisco de Vitoria (1492–1549) und Bartolomé de las Casas setzten sich 1550 im sog. Disput von Valladolid als Fürsprecher für die Indianer gegen Juan Ginès de Sepúlveda durch – die Indianer galten königlichem und päpstlichem Gesetz zufolge als bekehrbare Menschen mit Rechten. Las Casas schrieb: »Alle Rassen der Welt sind Menschen, und es gibt für alle und für jeden einzelnen von ihnen nur ein bestimmendes Merkmal, und das ist die Vernunft.«[42] Die Realität sah anders aus. Die Idee des Aristoteles, dass die Sklaverei der Barbaren in deren niederer Natur begründet liege, wurde ab 1510 auf Indianer und zunehmend auf die »Schwarzen« übertragen.[43] Solange man Indianer und »Neger« bekehren konnte, waren sie vom christlichen Verständnis geschützt, also begann man, im großen Stil von Menschenopfer und Kannibalismus zu berichten – wir wissen heute: meist zu Unrecht –, damit die unterdrückten Völker entweder als *unbekehrbar* und unumkehrbar böse oder aber als *tierisch* und unmenschlich galten.

Und all das nützte den »Schwarzen« wenig, denn ausgerechnet Las Casas verachtete sie zutiefst – sofern die entsprechenden Passagen wirklich von ihm stammen – und gebar die Idee, zum Schutz der Indianer als Ersatz schwarzafrikanische Sklaven in die Kolonien zu entsenden.

Das Wort »Rasse«

Das Wort »Rasse« spiegelt die Entwicklung zum Rassismus im 14. bis 19. Jh. gut wider. Das deutsche Wort »Rasse« entstammt den romanischen Sprachen, wo *raza* (spanisch), *raça* (portugiesisch), *razza* (italienisch) und *race* (französisch) seit dem 13. Jh. belegt sind. Im Deutschen wird jahrhundertelang *race* verwendet, erst im 19. Jh. erfolgt die Eindeutschung in »Rasse«.

Mit dem Wort wurde ursprünglich die Abstammungsgemeinschaft Adeliger bezeichnet, also Menschen »edlen« oder »blauen Blutes«, daneben Zuchtrassen in der Pferdezucht.

Zum »edlen Blut« des Adels sei nebenher Folgendes bemerkt: Ich halte die biologischen Menschenrassen ebenso für einen Mythos, wie das in Bezug auf den »Adel« der Fall war. Auch wenn sich Millionen regieren ließen, weil sie die Adeligen erbbedingt für etwas Besseres hielten, handelte es sich doch um nichts anderes, als um eine frei erfundene, wenn auch erfolgreiche Herrschaftsideologie. De facto vererbte der Hochadel automatisch weder Intelligenz noch Führungscharisma, weder Gesundheit noch Rechtsverständnis, sondern nur sein eigenes Überlegenheitsgefühl...

Der Rassismus der Aufklärung

»Diskriminierende Praktiken gegen Minderheitengruppen haben eine lange Tradition. Bis ins 17. Jahrhundert wurden solche ausgrenzenden Handlungen vornehmlich religiös begründet. Im Laufe des 18. und 19. Jahrhunderts kamen Theorien und Ideologien hinzu, welche die Menschen anhand von physischen, ethnischen oder kulturellen Merkmalen in biologische Gruppen (»Rassen«) mit genetisch vererbbaren geistigen Eigenschaften einteilten und hierarchisierten. Diese Vorstellungen dienten als Rechtfertigungsgrundlage für Kolonialismus und Imperialismus sowie für innenpolitische Handlungen und Diskriminierungen, die auf den Erhalt von sozialen und ökonomischen Privilegien ausgerichtet waren.«[44]

Ausgerechnet die Zeit der Explosion des Wissens und der »Aufklärung« 200 Jahre später ließ den Rassismus in eine neue Phase eintreten. »Das wissenschaftliche Denken der Aufklärung war eine Voraussetzung für die Entwicklung eines modernen, auf einer physischen Typologie basierenden Rassismus«[45], und erst ihr gelang es, die christliche »Bremse«, dass alle Menschen gleichermaßen Nachkommen Adams und Ebenbilder Gottes seien, endgültig zu lösen. »Was den Rassebegriff für Philosophen wie Voltaire oder Kant ebenso faszinierend machte wie für diejenigen, die an der Naturgeschichte im engeren Sinne interessiert waren …, war das Versprechen, eine natürliche, und das hieß vor allem: von den Lehren der Kirche unabhängige Ordnung der Welt und der in ihr lebenden Menschen zu erschließen und beschreibbar zu machen.«[46]

Nach George M. Fredrickson »kann man Voltaire ohne weiteres als den ersten konsequenten modernen Rassisten bezeichnen«[47]. Eigentlich wollte der französische Philosoph das Christentum kritisieren, als er den gemeinsamen Ursprung aller menschlichen Rassen in Frage stellte, aber seine abfälligen Äußerungen etwa über Schwarzafrikaner oder Juden führten in eine ganz andere Richtung – und das, obwohl Voltaire die Sklaverei ablehnte. Auch als die Aufklärung schon die Sklaverei bekämpfte und die Judenemanzipation in Gang setzte, baute sie das Rassedenken noch immer weiter aus und begründete damit übelste Formen der Verachtung der »Neger«, die man mit Affen verglich.

Die Aufklärung entwickelte das Modell des historischen Fortschritts vom Nomadenleben der Jäger und Sammler über die Stufe der Hirten und Ackerbauern bis hin zur zivilisierten bürgerlichen Gesellschaft, das die Voraussetzung für den Sozialdarwinismus schuf. Deswegen galten etwa die »Zigeuner« per se als primitiv, weil sie seit Jahrhunderten als »Fahrende« im Planwagen umherwanderten.

Der erste, der in der Neuzeit eine wissenschaftliche Einteilung des Menschengeschlechts versuchte, war der stark von

Aristoteles beeinflusste Begründer der modernen biologischen Taxonomie, Carl von Linné (1707–1778). Er unterteilte 1766 im Rahmen seiner bahnbrechenden Einteilung der gesamten Tier- und Pflanzenwelt den »Tagmenschen« in vier »Spezies«, benannt nach vier vorgeblichen Farben ihrer Haut (*Americanus rufus* = roter Amerikaner, *Europaeus albus* = weißer Europäer, *Asiaticus luridus* = blassgelber Asiate, *Africanus niger* = schwarzer Afrikaner) und ihrer vermeintlichen, auf die griechische Antike zurückgehenden Temperamente.

»Was immer Linné, Blumenbach und andere Ethnologen des 18. Jahrhunderts beabsichtigt hatten – sie waren jedenfalls die Wegbereiter für einen säkularen beziehungsweise ›wissenschaftlichen‹ Rassismus.«[48] »Durch die Wertung phänotypischer Merkmale anhand ästhetischer Kriterien, sowie durch ihre Verknüpfung mit geistigen, charakterlichen oder kulturellen Fähigkeiten, bereiteten die im 18. Jahrhundert ausgearbeiteten Rassentypologien den Boden für den voll entfalteten biologischen Rassismus des 19. und 20. Jahrhunderts.«[49]

Joseph Arthur Comte de Gobineau (1816–1882) gilt als Erfinder der arischen Herrenrasse und Begründer der modernen »Rassenlehre«, die dem schlimmsten Rassismus der Geschichte den Weg bereitete. Interessant ist die Verbindung zu dem frühesten Gebrauch des Begriffes *race* für den Adel im 15. Jh., denn den Niedergang seines adeligen Standes erklärte Gobineau mit der rassischen Degeneration durch Rassenvermischung. Er prophezeite, dass die Vermischung des Blutes unterschiedlicher Rassen zum Aussterben der Menschheit führe und prägte bis heute das oft unausgesprochene negative Gefühl gegen »Rassenvermischung«.

Evolutionstheorie und Sozialdarwinismus

Als Sozialdarwinismus werden Theorien bezeichnet, die Evolutionstheorien auf menschliche Gesellschaften anwenden und deren Entwicklung als Folge des »Kampfes ums Dasein« auffassen. Franz Stuhlhofer hat gezeigt, dass die Anwendung evolutionistischer Prinzipien wie des Kampfes ums Dasein und des Überlebens des Stärkeren bereits von Charles Darwin selbst in erschreckender Weise auf den Menschen und die Völker übertragen wurden.[50] Die klassischen Vertreter des Evolutionismus, Herbert Spencer, Edward Tylor und Lewis Henry Morgan, gingen davon aus, dass menschliche Gesellschaften wie biologische Arten einem Entwicklungsprozess unterliegen, in dem Erfolg und Überleben der am besten Angepassten zur permanenten Verbesserung der Gruppe führt.

»Wenn es auch verfehlt wäre, zu sagen, vom Sozialdarwinismus führe der Weg unmittelbar ins Dritte Reich und seine erb- und rassenpflegerischen Praktiken hinein, so ist es doch die ›Richtung und Ideenbildung‹ gewesen, die im NS-Staat in spezifisch umfunktionierter Ausprägung lebendig gewesen ist. Wenn Hitler in ›Mein Kampf‹ verkündete, eine Sonderstellung für den Menschen gebe es nicht, man müsse die ›fundamentale Notwendigkeit des Waltens der Natur verstehen und begreifen‹, dem auch der Mensch unterworfen sei, so griff er damit nur auf die biologistisch-monistische Weltsicht zurück, die schon lange vor ihm zum Credo der Sozialdarwinisten geworden war.«[51]

Tatsächlich schien die Evolutionstheorie, die ja den Menschen seiner Sonderstellung in der Natur beraubte, eine gute Erklärung für die Entwicklung der Kulturen und die Unterschiede der Völker zu liefern. Alles schien auch wissenschaftlich fundiert. Es zeigt sich, dass es immer gut ist, wenn Wissenschaft eine ethische Vorgabe bekommt und auch von außerhalb der Wissenschaft überprüfbar und kritisierbar bleibt. »Daß sich der wissenschaftliche Rassismus, der ausdrücklich oder stillschweigend von der Polygenese[52] ausging, in England erst in der zweiten Hälfte des 19. Jahrhunderts durchsetzte, lag hauptsächlich an der dortigen starken evangelikalen Bewegung, deren Anhänger glaubten, daß alle Menschen von Adam abstammten. (...) Der ethnologische Diskurs in Frankreich konnte sich unbeeinflußt von einem protestantischen Evangelikalismus entwickeln und deshalb eine radikalere Wendung nehmen als in Großbritannien oder selbst in den Vereinigten Staaten.«[53]

Inzwischen haben Evolutionsforscher selbst viele der Fehler, die sie direkt in den Rassismus führten, korrigiert, kehren dabei aber durchaus auch zu einst verspotteten Sichtweisen zurück, wie etwa, dass alle Menschen einen gemeinsamen Ursprung haben. Bei aller Berufung auf moderne wissenschaftliche Forschungsergebnisse sollten wir uns auch heute eine gewisse gesunde Skepsis gegenüber allzu vollmundig als letzter Schluss vertretenen Ergebnissen der Naturwissenschaft bewahren.

Kolonialismus

Ein Buch über Rassismus müsste eigentlich auch eine Geschichte des Kolonialismus enthalten, die jedoch *kurz und bündig* nicht möglich ist. Der Rassismus, so viele Historiker[54], war allerdings nicht bei allen Kolonialherren und in allen Regionen die entscheidende Ideologie. Er diente oft nur der nachträglichen Rechtfertigung etwa gegenüber den Einwohnern des Heimatlandes. Zudem war der Kolonialismus auch stark vom Wettlauf und Krieg der Europäer gegeneinander bestimmt – man denke an Buren und Briten in Südafrika – und schreckte nicht vor der Ausbeutung »Weißer« zurück.

Als »Kolonialzeit« bezeichnet man die Epoche des neuzeitlichen, von europäischen Mächten ausgehenden Kolonialismus, der mit den ersten afrikanischen Kolonien Portugals (eigentlich Kastiliens) in Afrika zu Beginn des 15. Jh.s beginnt und ausgelöst durch das Ende des Zweiten Weltkriegs 1945 ausläuft, sodass von 1946 bis 1965 fast alle ehemaligen Kolonien unabhängig wurden. Daneben gab es natürlich Kolonialzeiten und Kolonialreiche wie das römische, das osmanische, das chinesische oder das sowjetische Weltreich zu allen Zeiten und auf allen Erdteilen, immer verbunden mit der Unterjochung vieler Völker.

Mit »Imperialismus« bezeichnet man darüber hinaus das, wenn man so will, Sammeln von Kolonien, das heißt die Ausrichtung der nationalen Politik eines Landes auf die Beherrschung möglichst vieler Regionen und Völker im Rahmen eines globalen Machtkampfes. Dazu gehört ein weltweiter und politischer Einfluss weit über das eigene Herrschaftsgebiet hinaus.

Sklaverei

Hatten sich afrikanische Völker schon lange gegenseitig versklavt und waren schließlich arabische Fürsten zu Herren des afrikanischen Sklavenhandels geworden, begann die europäische Verwicklung 1444, als eine portugiesische Expedition in Lagos 235 Sklaven aus Mauretanien entlud. 1510 wurden erstmals 50 schwarze Sklaven von Spanien nach Haiti gebracht, um in den Silberminen zu arbeiten, 1619 landeten erstmals Sklaven auf dem Boden der heutigen USA.

Der transatlantische Sklavenhandel war geboren[55], ein Dreiecksverhältnis, in dem Billigwaren, Schnaps und Waffen aus Europa oft unter Einbezug arabischer Sklavenhändler gegen Sklaven aus Afrika und diese gegen amerikanische Kolonialwaren eingetauscht wurden. Dabei wurde der soziale und tatsächliche Tod eines Teils der Sklaven bewusst in Kauf genommen, denn die Sklaven wurden wie Waren bewertet und behandelt. Zwischen 1450 und 1900 wurden schätzungsweise 11,7 Mio. Sklaven aus Afrika nach Amerika verschleppt, von denen 9,8 Mio. im Bestimmungsland in Amerika ankamen. 1–2 Mio. Sklaven starben bei den geschätzten 50 000 Überfahrten.

Neben anderen wirtschaftlichen und sozialen Faktoren war die evangelikale Erweckungsbewegung maßgeblich an der Beendigung der Sklaverei beteiligt, ja hier entstand erstmals die Bezeichnung *evangelicals*. Dies gilt für die gesetzliche Abschaffung der Sklaverei in Großbritannien ebenso wie für die Antisklaverei-Bewegung in den USA.[56]

1688 verlangten erstmals die Quäker in England und den USA die Freilassung aller Sklaven, 1780 hatten alle Quäker ihre Sklaven entlassen. George Whitefield und John Wesley, die die »methodistische« Erweckungsbewegung in England und USA in Gang setzten, kämpften vehement gegen die »Sünde« der Sklaverei, Wesley 1774 mit seinem Buch »Thoughts upon Slavery«. Seit 1784 wurden Sklavenbesitzer bei den Methodisten exkommuniziert. In England setzten sich viele Freunde Wesleys aus der Politik gegen die Sklaverei ein, am bekanntesten davon ist William Wilberforce (1759–1833).

William Wilberforce war seit 1780 Abgeordneter im britischen Unterhaus. Er konvertierte 1784 auf einer Reise durch Kontinentaleuropa zum evangelikalen Protestantismus und gründete die *Abolition Society* zur Hebung der Sitten und speziell zur Abschaffung des Sklavenhandels. Auf einer Parlamentssitzung 1789 beantragte er gemeinsam mit William Pitt erstmals die Abschaffung des Sklavenhandels im Unterhaus, erfolgreich erneut 1792. Doch Krieg und die Lage der Kolonien verhinderten die Durchführung. Erst ein 1807 beschlossenes Gesetz beendete den britischen Sklavenhandel. Sklavenhändler wurden im weltweiten britischen Machtbereich als Piraten angesehen und bestraft. Die Vereinigten Staaten von Amerika zogen nach, sodass dort ab 1808 der Sklavenhandel verboten war.

Nun richtete Wilberforce seine Bemühungen darauf, dieses Verbot auch in der übrigen zivilisierten Welt durchzusetzen. Auf sein Drängen brachte Lord Castlereagh die Angelegenheit auf dem Wiener Kongress erfolgreich zur Sprache. Schließlich kam es zu Verträgen, in denen sich Frankreich, Spanien und Portugal zum Verbot des Sklavenhandels verpflichteten.

Abb. 4: William Wilberforce, *Bridgeman Art Gallery*; Porträt: *Wilberforce House, Hull Museum, Hull City Council*, Foto: Karl Anton Hickel.

Nach der Abschaffung des Sklavenhandels setzte sich Wilberforce schließlich für die Ächtung und Beseitigung der Sklaverei selbst ein. 1816 stellte er im Parlament einen Antrag auf Verringerung der Sklaven im britischen Westindien, und als die Regierung seit 1823 die Emanzipation aller Sklaven vorbereitete, hielt er in den heftigen Debatten flammende Reden, bis er sich 1825 aus gesundheitlichen Gründen zurückziehen musste. Er starb 1833 und wurde in der britischen Krönungskirche, der Westminster Abbey, begraben.

Sklaverei heute

Sklaverei existiert leider immer noch, auch wenn sie inzwischen fast überall verboten wurde, so zuletzt 1962 in Saudi-Arabien und 1970 in Oman. Die Sklaverei in Afrika blüht rund um die Sahara, namentlich in Mauretanien, Mali, Niger, Sudan und Tschad nach wie vor, wobei die Besitzer meist muslimische Araber, die Sklaven meist »Schwarze« sind. Die Zahl der Sklaven in Mauretanien wird etwa auf 100 000 geschätzt.

Die älteste Menschenrechtsorganisation der Welt, die britische Organisation *Anti-Slavery International*, rechnet mit 100 Mio. Sklaven weltweit. In Indien und Pakistan arbeiten Sklaven vor allem in Steinbrüchen, in Pakistan allein schätzungsweise 20 Mio. In Thailand, Brasilien und Indien werden vor allem Kinder versklavt, viele dabei im Prostitutionsgewerbe. Die heute verbreitetste Form der Sklaverei ist eine brutale Form der Schuldknechtschaft, bei der Familien bei ihren Arbeitgebern höhere Schulden für Arbeitsgeräte machen müssen, als sie an Gehalt erhalten. Mit die schlimmste Sklaverei findet sich ironischerweise gerade in der Dominikanischen Republik unter den Haitianern, obwohl dies das einzige Land ist, in dem es afrikanischen Sklaven gelang, die Regierung zu übernehmen. Etwa eine Million Sklaven arbeiten dort noch immer auf den Zuckerplantagen.

Exkurs: Todesstrafe für Sklavenhändler im Alten Testament

Der Begriff »Sklave« in den Übersetzungen des Alten Testamentes ist missverständlich, weil allzu leicht die grausame Sklaverei der Griechen, Römer, Muslime, Europäer und Amerikaner in das Alte Testament hineingelesen wird. Man sollte deswegen besser von »Schuldknechtschaft« oder »Dienst«, oft sogar von »Arbeitern« sprechen und statt »Sklave« »Knecht« oder »Diener« übersetzen. Die rechtliche Stellung der Sklaven/Knechte in Israel gegenüber anderen Völkern war außerordentlich gut. Sie konnten Schadensersatz bei körperlichen Schäden verlangen, vor Gericht gehen, sich freikaufen usw.[57]

Wie wurde man aber im Alten Testament (rechtmäßig) Sklave/Knecht? Rechtmäßig jedenfalls nie durch Menschenraub und Menschenverkauf, denn darauf stand die Todesstrafe: »Wer einen Menschen raubt und ihn verkauft oder er wird in seiner Gewalt gefunden, der soll auf jeden Fall sterben« (2. Mose 21,16); »Wenn jemand gefasst wird, der einen Menschen von seinen Brüdern, den Israeliten, raubt und ihn gewalttätig behandelt oder ihn verkauft: dieser Dieb soll sterben.« Es sollte herausgestellt werden, dass die neutestamentlichen Schreiber die Fehler der Sklaverei nicht übersehen. Die paulinische Liste der Gesetzesbrecher schließt »Sklavenhändler« (1. Timotheus 1,9-10; wörtl.: »Menschenhändler«) ein. Johannes schließt die Sklaverei in seine Analyse der Fehler ein, die Babylon durchdringen, Fehler, durch die die Stadt gerichtet wird (Offenbarung 18,13).«[58] Derselbe Paulus, der Sklaven ermuntert, gut zu arbeiten und ihr Christsein als Sklaven zu bewähren, konnte schreiben: »… wenn du aber frei werden kannst, mach umso lieber Gebrauch davon« (1. Korinther 7,21). Im Philemonbrief setzt sich Paulus für die Freilassung eines Sklaven ein.

2. Völkermorde

Völkermord im internationalen Strafrecht

Völkermord (Genozid) ist als Straftatbestand zunächst im Völkerstrafrecht und nach und nach in vielen nationalen Rechtsordnungen unter Strafe gestellt worden. 1948 beschloss die Generalversammlung der Vereinten Nationen die »Konvention über die Verhütung und Bestrafung des Völkermordes«, die 1951 in Kraft trat und die von Deutschland 1951, von Österreich 1955 und von der Schweiz im Jahr 2000 ratifiziert wurde. Die Konvention definiert Völkermord als »eine der folgenden Handlungen, begangen in der Absicht, eine nationale, ethnische, rassische oder religiöse Gruppe ganz oder teilweise zu zerstören«: 1. das Töten von Angehörigen der Gruppe, 2. das Zufügen von schweren körperlichen oder seelischen Schäden bei Angehörigen der Gruppe, 3. die absichtliche Unterwerfung unter Lebensbedingungen, die auf die völlige oder teilweise physische Zerstörung der Gruppe abzielen, 4. die Anordnung von Maßnahmen zur Geburtenverhinderung, 5. die gewaltsame Überführung von Kindern der Gruppe in eine andere Gruppe.

Völkermord ist im Rahmen der Vereinten Nationen und im internationalen Völkerrecht das schwerste Verbrechen, das etwa im Gegensatz zum Angriffskrieg zudem eindeutig definiert ist und für das internationale Strafgerichtshöfe eingesetzt worden sind und das auch von anderen als den betroffenen Ländern verfolgt werden kann. Seit den Völkermorden in Jugoslawien und Ruanda, für die internationale Strafgerichtshöfe eingesetzt wurden, und seit Errichtung des Internationalen Strafgerichtshofs in Den Haag im Jahr 2003 gewinnt die Verurteilung des Völkermordes zunehmend auch praktische Bedeutung.

Zu beachten ist dabei, dass nicht erst die Ausführung, sondern schon die Absicht für eine Anklage ausreicht, andererseits ohne eine Absicht im Sinne eines Völkermordes die reine Tötung vieler zu einer Gruppe gehörenden Menschen noch nicht unter das Völkerstrafrecht fällt.

Stufen des Völkermordes

1. *Klassifizierung* – Eine bestimmte Gruppe wird von »uns« unterschieden.
2. *Symbolisierung* – Hasssymbole und Hassbegriffe stigmatisieren eine Gruppe.
3. *Dehumanisierung* – Eine Gruppe wird mit Untermenschen, Affen, Tieren, Viren usw. verglichen.
4. *Polarisierende Propaganda* – Die Propaganda schafft die Voraussetzung, dass der Völkermord als normal oder unvermeidlich angesehen und unterstützt wird.
5. *Organisation* – Die Voraussetzungen für den Völkermord werden geschaffen, z. B. durch Bewaffnung, Lagerbau, aber auch bürokratische Erfassung der Gruppe.
6. *Auslöschung* – Der eigentliche Mord geschieht durch massenhaftes Töten oder durch Entzug der Lebensgrundlage.
7. *Verleugnung* – Während und vor allem nach der Auslöschung wird der Völkermord geleugnet oder auf ganz andere Täter bzw. nichtrassistische, angeblich anderweitig erklärliche Faktoren zurückgeführt.

Beispiele für Völkermord

Die Aborigines in Australien: Die britische Besiedelung seit 1788 führte innerhalb von 120 Jahren fast zum völligen Aussterben der Ureinwohner Australiens und benachbarter Inseln. Obwohl keine offiziellen Zahlen vorliegen, gehen Schätzungen von 250 000 bis 750 000 Aborigines im Jahr 1788 aus, die bis 1911 auf 31 000 geschrumpft waren. Der Völkermord an den Aborigines und deren Unterdrückung verlief in drei Phasen. Bis etwa 1900 waren die Aborigines praktisch Freiwild und wurden massenweise vertrieben und wie Wild gejagt und getötet. Sie galten nicht als Menschen, sondern als gefährliche Tiere. Aufgrund der Massaker erließ die britische Regierung 1897 ein »Gesetz zum Schutz der Ureinwohner«, das eine geografische Rassentrennung zur Folge hatte. Aborigines lebten nun in abgelegenen umzäunten Waldgebieten und Inselbereichen, aus denen sie nicht heraus- und in die keine Siedler hineindurften. Seit den 1920er-Jahren trat eine Assimilationspolitik hinzu. Ureinwohnerkinder wurden ihren Eltern weggenommen (Schätzungen für 1910–1970 reichen von 10 % bis 30 % aller Kinder) und in Heime gesteckt oder bei »weißen« Familien untergebracht, später mit »Weißen« verheiratet. Wer nachwies, wie »weiß« er geworden war (durch Heirat oder Lebensstil), konnte das Bürger- und Wahlrecht beantragen. Erst 1966 erhielten die Aborigines das Wahlrecht, erst in den 1980er-Jahren wurde die Rassentrennung in den Schulen aufgehoben.

Völkermord an den Armeniern in der Türkei: »Armenier und Griechen bildeten mit 2,5 bzw. 2,7 bis 3 Mio. vor dem Ersten Weltkrieg die größten autochthonen[59] ethno-religiösen Minderheiten im Osmanischen Reich. In der letzten Dekade osmanisch-türkischer Herrschaft fielen sie, ebenso wie die aramäischsprachigen Christen (Eigenbezeichnungen: [Syro-] Aramäer, Assyrer, Chaldäer) staatlich geplanten und gelenkten Massakern sowie Deportationen zum Opfer, die die Genozidforschung als Völkermord entsprechend den Kriterien der UN-Genozidkonvention (1948) wertet. Namentlich der Völkermord an 1,5 Mio. Armeniern osmanischer Staatszugehörigkeit bildet, zusammen mit den Massakern an Assyrern im Irak 1933, einen Prototypus des Genozids, der den Autor der UN-Genozid-Konvention, Raphael Lemkin, veranlasste, als Justitiar des Völkerbundes schon 1933 einen Entwurf für ein entsprechendes internationales Vertragswerk in den Völkerbund einzubringen; er scheiterte damals allerdings am Widerstand der Delegation aus Nazideutschland. Während die armenische Bevölkerung des Osmanischen Reiches in nur zwei

Jahren (Frühjahr 1915 bis Februar 1917) genozidal um drei Fünftel verringert wurde, erstreckte sich die Vernichtung der griechisch-orthodoxen Bevölkerung auf ein Jahrzehnt, mit wechselnden Schauplätzen. Sie wird daher auch als kumulativer Völkermord bezeichnet.«[60]

Nationalsozialismus 1933–1945: Als »Holocaust« (vom griech. Begriff für »vollständig Verbranntes«, d. h. »Brandopfer«) oder als *Shoah* (hebr. für »Unheil«, »große Katastrophe«) bezeichnet man den Völkermord an mindestens 5,6 bis 6,3 Mio. Juden in der Zeit des Nationalsozialismus. Der Zweite Weltkrieg kostete 15,8 Mio. nichtdeutschen und 4,2 Mio. deutschen Soldaten und Angehörigen paramilitärischer Verbände sowie 15,8 Mio. nichtdeutschen Zivilopfern und 0,5 Mio. deutschen Zivilopfern des Luftkrieges das Leben. 2,27 Mio. Menschen kamen durch die Vertreibung der deutschen Zivilbevölkerung aus dem Osten ums Leben. Und all das sind die eher niedrigen Schätzungen. Besonders erschreckend ist dabei, dass aus dieser Gesamtzahl den unmittelbaren nationalsozialistischen Verbrechen außerhalb der Kriegshandlungen nach derzeitigem Forschungsstand 13 Mio. Menschen zum Opfer gefallen sind, darunter 6 Mio. Juden, 3,3 Mio. sowjetische Kriegsgefangene, 2,5 Mio. christliche Polen, weitere 784 000 nichtdeutsche Opfer aus ganz Europa in Konzentrations- und Arbeitslagern, 296 000 Sinti und Roma (»Zigeuner«), 100 000 Geisteskranke und Behinderte als Euthanasieopfer und 130 000 nichtjüdische Deutsche aus dem politischen oder religiösen Widerstand. Ich liste alle diese Zahlen auf, weil sie auch der sog. »Auschwitzlüge« die Grundlage entziehen, ein Kampfbegriff, mit dem Holocaustleugner u. a. behaupten, es könne sich unmöglich um 6 Mio. getötete Juden gehandelt haben.

Massensäuberungen der Roten Khmer: Während der Schreckensherrschaft der Khmer in Kambodscha 1975–1979 wurden schätzungsweise 1,4 bis 2,2 Mio. der 7 Mio. Einwohner je zur Hälfte in Todeslagern umgebracht oder durch

Zwangsarbeit auf den Reisfeldern und Hunger getötet. Inzwischen wurden in 8000 Massengräbern 1,4 Mio. Leichen ausgegraben. Die Massensäuberung wird von Experten auch als »Autogenozid« bezeichnet, da das kambodschanische Volk sich beinahe selbst umbrachte. Viele Forscher sehen den Massenmord der Roten Khmer nicht als Völkermord, sondern rein politisch motiviert. Dann gab es allerdings innerhalb des Massenmordens trotzdem Völkermord als einen Teilbereich. So wurden fast alle Vietnamesen im Land aus rassistischen Gründen getötet.

Völkermord in Ruanda: Zwischen April und Juli 1994 töteten innerhalb von 100 Tagen Armee, Polizei und Zivilbevölkerung der Hutu-Mehrheit in Ruanda ca. 800 000 bis 1 Mio. Menschen und damit 75 % der in Ruanda lebenden Tutsi-Minderheit sowie moderate Hutu, die sich nicht am Völkermord beteiligten. Nachbarn töteten ihre Nachbarn mit Macheten, die verbliebenen Tutsis flohen nach Kongo, Burundi und Uganda. Ein eigener UN-Strafgerichtshof tagt seit 1996, Hunderttausende Opfer wurden bereits ausgegraben und bestattet. Typisch für die Unsinnigkeit von Rassismus ist, dass die Hutu und Tutsi gar keine unterschiedlichen Völker sind, sondern soziale Schichtungen, zumindest wurde der Unterschied vor 1916 noch gar nicht gemacht. Die deutschen und dann die belgischen Kolonialherren stützen sich zur Kontrolle des Landes auf die reicheren Tutsi, die sie zudem für arisch hielten. Bei der Unabhängigkeit 1962 sorgte dann Belgien dafür, dass nun die Bevölkerungsmehrheit der Hutu die Macht erhielt. 1994 gab der Unfalltod des zu den Hutu gehörigen Präsidenten den Hutu-Extremisten den Vorwand für die Machtübernahme und den Völkermord. Die internationale Gemeinschaft schaute drei Monate schweigend zu, bis der militärische Arm des Tutsi-Widerstandes mit Unterstützung von Nachbarländern die Hauptstadt Kigali eroberte.[61]

Massaker von Srebrenica: Im Juli 1995 wurden in der Gegend von Srebrenica bis zu 8000 Bosniaken, vor allem Männer und Jungen zwischen 12 und 77 Jahren, von der serbischen Armee, Polizei und Paramilitärs getötet. Vom Internationalen Gerichtshof 2007 wurde dies als Genozid bewertet.

Völkermord in Darfur: Seit 2003 dauern bewaffnete Auseinandersetzungen zwischen den in Darfur im Sudan ansässigen schwarzafrikanischen Stämmen und der arabisch-muslimischen Zentralregierung in Khartum an. Die Rebellenbewegungen fordern Mitbestimmung und eine Entwicklung ihrer Region. Dagegen setzt die Zentralregierung vor allem örtliche Milizen aus arabischen Reiter-Nomaden (Dschandschawid) ein. Bisher starben 400 000 Menschen, und 2,5 Mio. flohen innerhalb des Sudan oder in die Nachbarländer. Zerstörungen von Dörfern, Massaker und Vergewaltigungen sind an der Tagesordnung. »Schwarzafrikanisch« und »arabisch« sind eigentlich sinnlose Zuordnungen, da wohl nur 2 % aller Einwohner des Sudan arabischer Abstammung sind. Der Konflikt geht auf frühere Rivalitäten im Sklavenhandel und auf wirtschaftliche Gegensätze zurück, die »afrikanischen« Fur und Masalit waren sesshafte Bauern, während die »arabischen« Baggara und Zaghawa nomadische Viehzüchter waren.

Ungewollter Völkermord durch Rassismus

Nicht jeder tatsächliche Völkermord ist gewollt, zumindest nicht in der Geschichte. Oft sollte eine ethnische Gruppe nur abhängig oder gefügig gemacht werden, starb aber durch die schlechten Lebensbedingungen oder nicht vorhersehbare Faktoren.

Ein Beispiel ist das Massensterben der Indianer in Mittel- und Südamerika und anfänglich in Nordamerika durch die europäische Entdeckung und Eroberung Amerikas. Auch wenn es einzelne Beispiele der Niedermetzelung kleiner Gruppen von Indianern gab, ist das Schrumpfen der indianischen Bevölkerung um 90 % nicht auf ein konkretes Morden oder Sterbenlassen zurückzuführen, sondern vor allem auf eingeschleppte Seuchen, gegen die die Indianer nicht immun waren, deren Gefahr und Verbreitungsweg aber erst Jahrhunderte später erkannt wurde. Daneben waren die Indianer Arten der Sklaverei im Feldbau oder in Minen, die Europäer und Afrikaner überlebten, körperlich nicht gewachsen.[62]

Jedenfalls war in Mittel- und Südamerika die Zahl der Europäer für einen Völkermord zu klein, und das Ziel der Europäer war es, Menschen zu beherrschen und reich zu werden, nicht Menschen auszurotten – ohne damit ihren Rassismus an sich irgendwie beschönigen zu wollen.

Erst viel später in Nordamerika, nachdem bereits die Zahl der Indianer durch Seuchen usw. dezimiert war und nachdem sich »schwarze« Sklaven als viel überlebensfähiger und als leichter auszubeuten erwiesen hatten, waren die Indianer dann den europäischen Siedlern wirklich »im Weg«. Dies hat man aber dann nicht mehr durch Völkermord, sondern durch Vertreibung in Reservate zu lösen versucht. Das konnte allerdings durch schlechte Lebensbedingungen oder durch Krieg gegen solche, die sich dies nicht gefallen ließen, auch wieder zu rassistisch verursachten Morden führen.

Bedrohte Völker

»Die Zahl der Völker bzw. Ethnien kann auch nicht annähernd ermittelt werden. Hier gilt das Gleiche wie für die Zahl der Sprachen. Es ist eine Frage der Definition, ob man z. B. die Araber als ein Volk zählt oder jeden arabischen Stamm oder jedes arabische Staatsvolk (Syrer, Libanesen, Jordanier usw.) gesondert erfasst. Am größten ist die Zahl der Ethnien in Asien und Afrika (je 1800–2000). In Europa kommt man je nach Zählweise auf 120–150 (ohne Zuwanderer).«[63] Angesichts von ca. 200 Staaten weltweit ist damit klar, dass die meisten Ethnien dieser Welt keinen eigenen Staat haben. Viele leben in Vielvölkerstaaten mit anderen friedlich zusammen, aber eine große Zahl wird als bedrohte ethnische Minderheit von den Mehrheitsvölkern beherrscht, von leichter Diskriminierung bis hin zum Versuch, sie entweder völlig zu assimilieren oder sie zu vertreiben oder auszulöschen.

Ich bedauere es sehr, dass aufgrund des beschränkten Umfangs eines Buches der Reihe *kurz und bündig* über die an anderer Stelle geschilderten Beispiele hinaus keine Vorstellung einiger dieser bedrohten Völker vorgenommen werden kann, wie es die im Literaturverzeichnis genannten Lexika tun.

Exkurs: Die Vielfalt der Kulturen in der Bibel

Gott ist der Schöpfer aller Völker, denn »er hat aus einem [Menschen] alle Völker der Menschen geschaffen, damit sie auf der ganzen Erde wohnen...« (Apostelgeschichte 17,26; vgl. 5. Mose 32,7-9; Psalm 74,17; 86,9). Ein Christ liebt deswegen wie Gott Menschen aller Kulturen und respektiert die Andersartigkeit anderer Kulturen (Offenbarung 1,6-8; Psalm 66,8).

Viele Christen sehen die Unterschiedlichkeit der Kulturen negativ und verstehen sie als Folge der Sünde. Für sie ist sie eine Folge des Gerichtes Gottes durch die Sprachverwirrung beim Turmbau zu Babel (1. Mose 11,1-9). Durch die Sprachverwirrung wollte Gott jedoch gerade das erreichen, was er den Menschen zuvor als Befehl gegeben hatte, nämlich die Ausbreitung der Menschheit auf der ganzen Erde (»füllet die Erde«, 1. Mose 1,28; 9,1) und damit die Aufspaltung der Menschheit in eine Vielfalt von Familien, Völkern, aber auch von Berufen, Fähigkeiten und

Kulturen. Mit dem Turmbau zu Babel sollte gerade eine Welteinheitskultur geschaffen werden, die immer das Ziel des Satans war, wie das Buch der Offenbarung und die Person des Antichristen im Alten und Neuen Testament zeigen. So heißt es von dem »Tier«, das seine Macht von dem »Drachen« hat (Offenbarung 13,1-10): »Es wurde ihm gegeben, Krieg zu führen … und ihm Macht gegeben … über jeden Stamm und jedes Volk …«

Gott und sein Wort garantieren die Einheit der Welt, aber keine sichtbare Struktur auf Erden. Gott »zerstreute« die Menschen »über die ganze Erde« (1. Mose 11,9). Von den Söhnen Noahs ausgehend »wurde die ganze Erde bevölkert« (1. Mose 9,19) und »verzweigten« sich so die »Nationen« (1. Mose 10,5), weshalb die Entstehung der einzelnen Völker durch Stammbäume erklärt werden kann (1. Mose 10,1-32), an deren Ende es heißt: »… von diesen aus haben sich nach der Flut die Völker auf der Erde verzweigt« (1. Mose 10,32).

Es ist kein Zufall, dass hier das Auseinanderdriften von Kulturen als ein Auseinanderdriften von Familien beginnt. Jede Familie hat ihre eigene Kultur, und Gott hat die Menschen so geschaffen, dass schon die eigenen Kinder ausnahmslos ihre eigene kleine Kultur schaffen, die sich immer schon etwas von den Eltern unterscheidet, ein Prozess, der über Generationen hin weitreichende Konsequenzen hat. Diese unterschiedliche Kultur der Kinder wird noch gesteigert, wenn Kinder die Kinder aus anderen Familien und damit Kulturen heiraten. Gott vermischt in der Ehe bewusst auch unterschiedliche Kulturen und Prägungen. Soziale und kulturelle Konflikte sind nicht automatisch Ausdruck moralischen Versagens, sondern normal und eine Folge der von Gott gewünschten Vielfalt.

Schon im Alten Testament kündigt Gott wiederholt an, dass er mit seinem Heil alle Völker vor Augen hat (1. Mose 12,3; Jesaja 49,6 etc.). Der Missionsauftrag des Jona zeigt beispielhaft die Universalität der göttlichen Rettung schon in alttestamentlicher Zeit. Pfingsten macht deutlich, dass die Gemeinde Jesu alle Kultur- und Sprachbarrieren übersteigt. Die Kirche ist deswegen multikulturell angelegt (Offenbarung 5,9-10; 7,9; 10,11; 11,9; 13,7; 14,6; 17,15; Daniel 7,13-14; Epheser 2,11-19).

3. Rassentrennung

Mit Rassentrennung (engl. *racial segregation*) bezeichnet man die erzwungene, in der Regel gesetzlich festgelegte Trennung von als »Rassen« definierten Menschengruppen in allen Bereichen des Lebens. Typisch ist ein Heiratsverbot zwischen den »Rassen«, die räumliche Trennung der Wohngebiete sowie getrennte öffentliche Einrichtungen wie Schulen, Hochschulen, Verkehrsmittel, Gaststätten, Strände oder Toiletten, wobei die Einrichtungen der herrschenden Gruppe in der Regel besser ausgestattet sind.

Die bedeutendsten Beispiele waren das Dritte Reich in Deutschland 1933–1945, die USA von 1890 bis Mitte der 1960er-Jahre und Südafrika von 1900 und vor allem 1948 bis 1990. In den USA spricht man von einer Rassentrennung erst für die Zeit nach dem Ende der Sklaverei. Rhodesien (erst »Weiß« gegen »Schwarz«, jetzt »Schwarz« gegen »Weiß«) und Australien (gegenüber den Aborigines, bis 1966) sind weitere Beispiele. In gewissem Sinne gehörte auch Nordirland bis vor kurzem dazu.

Abb. 4: Apartheid am Strand von Durban/Südafrika, 1989.

USA

Die Geschichte Amerikas hat mit der Verdrängung der Indianer und der Verschleppung afrikanischer Sklaven und als Gegenstück dazu der Etablierung der Vorherrschaft der »Weißen« drei zentrale rassistische Themen. Daneben sind noch weitere rassistische Bereiche zu nennen, die nur nie dieselben Ausmaße angenommen haben, etwa das Einwanderungsverbot für Zigeuner, die Beargwöhnung der irisch-katholischen und später der Spanisch sprechenden Einwanderer, das Beschränken der Einwanderung aus Südosteuropa und der verbreitete Antisemitismus bis Mitte des 20. Jh. s. Es ist natürlich unmöglich, hier eine Geschichte der USA vorzulegen.

Im Süden der USA entwickelte sich eine offizielle rassistische Begründung der Sklaverei erst ab den 1830er-Jahren, als im Norden der USA die Antisklaverei-Bewegung begann. Mit dem Sieg der Nordstaaten im amerikanischen Bürgerkrieg und damit dem Ende der Sklaverei in den Südstaaten stellten die Emanzipationsbestrebungen der Schwarzen die traditionelle Rassentrennung vor allem in den Südstaaten in Frage. Daraufhin verabschiedeten seit 1876 etliche Südstaaten und an sie angrenzende Staaten Gesetze, die die Rassentrennung gesetzlich verankerten. Der Oberste Gerichtshof des USA bestätigte die Gesetze 1896 de facto, indem er die Rassentrennung für zulässig hielt, sofern die zur Verfügung gestellten Einrichtungen und Dienstleistungen gleichwertig seien (*separate but equal*).

Kurz nach dem Zweiten Weltkrieg begann 1948 die Abschaffung der Rassendiskriminierung in Armee und Bundesdienst, es folgten weitere rechtliche Verbesserungen und 1954 das Urteil des Obersten Gerichtshofes gegen die Rassentrennung im Schulwesen. Erst im Zuge der amerikanischen Bürgerrechtsbewegung in den 1960er-Jahren, die stellvertretend mit dem Namen des baptistischen Pastors Martin Luther King verbunden ist, wurden die Rassentrennungsgesetze nach und nach abgeschafft. 1964 hob der *Civil Rights Act* alle noch bestehenden Gesetze gegen »Schwarze« auf. Erst 1967 hob der Oberste Gerichtshof das Verbot der Heirat zwischen Schwarzen und Weißen auf. Die rechtliche Gleichstellung der 11 % der Bevölkerung der USA, die »schwarz« ist, ist vollzogen, die Folgen des früheren Rassismus sind aber noch lange nicht beseitigt.

Es sei an dieser Stelle kritisch vermerkt, dass Europäer oft eine schon selbst fast wieder rassistische Sicht der USA gegenüber an den Tag legen, so als seien sie selbst frei von Rassismus und die USA unheilbar rassistisch. Richard Heringer schreibt dazu: »Dass mit Barack Obama erstmals ein schwarzer Amerikaner eine realistische Chance hat, Präsident der Vereinigten Staaten zu werden, ist in der Tat ein großer historischer Einschnitt, und so wird er in den USA auch gewürdigt. Bei uns aber ist die Berichterstattung fast völlig auf die Frage konzentriert, in welchem Maße Obamas Schwarzsein sich bei den amerikanischen Wählern letzten Endes doch als

unüberwindliches Handicap erweisen wird. Das mutet selt-
sam doppelbödig an…Um zu ermessen, was in den Vereinigten Staaten in den vergangenen drei, vier Jahrzehnten
in dieser Hinsicht erreicht wurde, genügen…Gegenfragen:
Können Sie sich vorstellen, dass zur Bundestagswahl 2009
ein türkischstämmiger Deutscher als Spitzenkandidat einer
der großen Volksparteien Deutschlands nominiert wird? Dass
ein Politiker mit marokkanischem Vater und arabischem Namen Nicolas Sarkozy das Amt des französischen Präsidenten
streitig machen könnte? Oder dass ein afrikanischstämmiger
Politiker für den Posten des EU-Kommissionspräsidenten infrage käme?…Sowohl hinsichtlich dieser Vielfalt als auch der
immensen Bemühungen, den Rassismus im öffentlichen Raum
zu überwinden oder zumindest zu ächten, sind die USA den
Europäern weit voraus – von anderen Weltgegenden gar nicht
zu sprechen.«[64]

Südafrika

»Das einzige rassistische Regime, das den Zweiten Weltkrieg
und den Kalten Krieg überdauerte, war das südafrikanische,
das sich erst mit der Einführung der Apartheid 1948 voll he-
rausbildete«[65], auch wenn die Apartheid auf die Politik der
räumlichen Trennung von »Schwarzen« in sogenannte Home-
lands ihre Vorgeschichte hat. Hatten bis 1948 die Nachfahren
der Briten in Südafrika das Sagen, gewannen 1948 die ras-
sistischeren niederländisch-stämmigen Buren die Wahl und
führten eine strenge Rassentrennung ein, die sich in zwei
Arten unterteilte, die kleine Apartheid (*Petty Apartheid*) und
die große Apartheid (*Grand Apartheid*).

Die kleine Apartheid bedeutete die rassische Trennung im
öffentlichen Dienstleistungsbereich, wie etwa das Verbot des
Betretens von öffentlichen Parks für Schwarze, separate Ab-
teile in öffentlichen Verkehrsmitteln oder getrennte Schulen.
Rathäuser, Krankenhäuser, Postgebäude, Banken und Toiletten
hatten meist zwei Eingänge für die «Weißen» und die anderen

»Rassen«. Durch Mundpropaganda wusste man zudem, in welchen Gaststätten usw. »Schwarze« nicht bedient wurden. Dazu kam natürlich das ausschließliche Wahlrecht für »Weiße«.

Die große Apartheid bezeichnete die sog. Homeland-Politik, das heißt die Ansiedlung der meisten »Schwarzen« in angeblich selbst verwalteten kleinen Staaten innerhalb des Gebietes Südafrikas. Daneben gab es entsprechend der Hautfarbe (»Weiße«, »Schwarze«, »Farbige/Asiaten«) getrennte Wohngebiete in jeder Stadt und in jedem Dorf.

Zur Apartheid gehörte ein riesiger Verwaltungsapparat. Man schätzt, dass 4 Mio. »Schwarze« wegen fehlender Aufenthaltsgenehmigungen verhaftet wurden. Millionen Menschen wurden aufgrund des *Native Resettlement Act* von 1952 umgesiedelt, eine Herausforderung für Verwaltung und Polizei. Die Proteste dagegen erforderten Massenverhaftungen und große Gefängnisse bzw. Lager. Die Zerstörung großer Siedlungen, weil sie als illegal galten oder für Weißenviertel Platz machen mussten, erforderte eine enorme Infrastruktur.

Die Geschichte der Apartheid in Südafrika ist meines Erachtens bis heute nicht zu Ende, nicht nur, weil die frühere Apartheid unter den »Weißen« immer noch nachwirkt und die jahrzehntelange Vernachlässigung großer Bevölkerungsteile nicht so schnell aufzuholen ist, sondern auch weil viele »Farbige« und Indischstämmige weiter diskriminiert werden und sich ein schlimmer »schwarzer« Rassismus nicht nur gegen »Weiße«, sondern gegen vermeintliche »Zuwanderer« aus anderen afrikanischen Ländern breitmacht, ja alte Gegensätze zwischen den Xhosa, Zulu usw. wieder aufbrechen. »Wer in diesen Tagen auf Südafrika schaut, der wird feststellen: Es steht nicht gut um das Land. Korruption und Vetternwirtschaft, Lüge und schwarzer Rassismus wüten in einem Staat, der nach dem Ende der Apartheid für die Hoffnung auf ein anderes Afrika stand, für einen Kontinent, in dem Schwarze und Weiße in demokratischen Verhältnissen nebeneinander leben und die eben noch unterdrückte Mehrheit in der Lage ist, die Geschicke des Landes in einem rechtsstaatlichen Rahmen zu führen. Doch nichts dergleichen weist darauf hin, dass sich diese Erwartungen erfüllen.«[66] Die Unterstützung der schrecklichen Diktaturen in Simbabwe oder im Sudan hätte es unter Nelson Mandela wohl kaum gegeben. »Doch fast zehn Jahre nach seinem Ausscheiden aus dem Amt des Staatspräsidenten sprechen immer mehr Zeichen dafür, dass der mittlerweile Neunzigjährige eine Ausnahmeerscheinung war.«[67]

Simbabwe (früher Südrhodesien) wurde unter dem Führer des weißen Rassisten Ian Smith 1965 unabhängig und lebte 15 Jahre mit einer starken Rassentrennung, bis die Vereinten Nationen 1980 multirassische Wahlen erzwangen. Daraus ging Robert Gabriel Mugabe (geb. 1924) siegreich hervor, der das Land sofort in eine üble Diktatur verwandelte und in dem anfänglich verständlichen Bemühen, eine neue Landverteilung zugunsten der »Schwarzen« vorzunehmen, schließlich einen Großteil der »Weißen«, aber auch die Angehörigen aller mit seinem Stamm konkurrierenden Stämme im Land vertrieb oder umbringen ließ.

4. Die Verquickung von Rassismus mit anderen Faktoren

Die Verquickung von Rassismus mit Religion, Politik und Sprache

Der Rassismus ist oft untrennbar mit anderen Arten der Verurteilung und Unterdrückung von unerwünschten Menschengruppen verquickt. Oft liefert der Rassismus die ideologische Begründung für ganz andere Konflikte, oft münden Konflikte letztendlich in eine rassistische Verfestigung des Konfliktes ein.

Ein typisches Beispiel ist der gegen *Israel* gerichtete Antizionismus als Spielart des gegen Juden gerichteten Antisemitismus. Der Antizionismus will, dass die Juden auch dann keinen jüdischen Staat in Palästina behalten, wenn eine Lösung für die Palästinenser gefunden wird. Doch was wird dabei eigentlich gehasst? Geht es um das Judentum als Religion im Gegensatz etwa zum Islam? Um das liberale politische System Israels? Handelt es sich um Neid auf Israels wirtschaftliche Erfolge? Geht es um die Juden als Rasse? Das liegt in der Tat nahe, sonst wäre die arabische Ausgabe von Hitlers »Mein Kampf« kein Renner, die übrigens »Antisemitismus« mit »Antijudaismus« wiedergibt, weil die Nazis natürlich nicht die Araber meinten, die ebenfalls »Semiten« sind. Dieselbe Verquickung findet sich natürlich umgekehrt in der Einstellung vieler Israelis gegenüber den *Palästinensern*.

Oder wählen wir die *Türkei* seit Kemal Atatürk. Sie baut auf einem strengen türkischen Nationalismus auf. Doch ist er *religiös* begründet? Wer nicht Muslim ist, ist kein echter Türke, ja selbst nicht-sunnitische türkische Muslime wie die Aleviten werden verfolgt. Ist er *sprachlich* begründet? Kurdisch, Armenisch oder Assyrisch sollen als Muttersprache ausgelöscht werden. Ist er *rassistisch* begründet? Denn Kurden, Armenier oder Assyrer werden als Fremdkörper gesehen. Er ist all das zusammen, ein Nationalismus, der das Staatsvolk zusammenhalten soll. Dass Atatürk selbst wohl albanischer Abstammung war, zeigt – wie wir schon gesagt haben – beispielhaft, dass ein solcher Nationalismus mit der Realität meist wenig zu tun hat.

Verquickung von Rassismus und Religion (Irak, Vietnam, Irland)

Beispiele für die *Verquickung von Rassismus und Religionsverfolgung* gibt es viele. Im *Irak* werden derzeit die alteingesessenen christlichen Völker vertrieben. Die Assyro-Chaldäer und andere christliche Ethnien wie die Armenier werden sowohl abgelehnt, weil sie nichtarabische Minderheiten sind, als auch, weil sie Christen und keine Muslime sind. Von den früheren 650 000 Christen, die dort seit fast 200 Jahren leben, wurden bereits drei Viertel aus dem Irak vertrieben.[68]

In *Vietnam* verfolgt die Regierung die »Montagnards« – französisch für »Bergvölker« – im zentralvietnamesischen Hochland heftig, da diese sich in großer Zahl dem Christentum zugewandt haben. Diese Völker wurden Anfang des 20. Jh.s in die Berge gedrängt, sind von der wirtschaftlichen Entwicklung völlig abgeschnitten und arm. Unter den Kommunisten verfolgt, wandten sich etwa 2 Mio. der Montagnards dem Christentum zu. Ihr fruchtbares Land wurde überwiegend unrechtmäßig an Kinh-Vietnamesen verteilt. Ihr Glaube bringt sie in den Verdacht, für ausländische Mächte zu arbeiten. Ein Teil der Montagnards ist wegen der Enteignungen, Inhaftierungen, Folter und des Verbots der Religionsausübung nach Kambodscha geflohen.

In *Nordirland* bekämpften sich 1969–1998 gewaltsam protestantische Briten und katholische Iren bzw. auf beiden Seiten jeweils kleine bewaffnete Milizen. Die industrialisierten nordöstlichen Gebiete Nordirlands und fast alle größeren Städte werden protestantisch, die ländlichen westlichen Gebiete katholisch dominiert. Der Nordosten ist sehr viel stärker industrialisiert als der ländliche Westen. Die beiden Gruppen entstanden aus alteingesessenen Iren einerseits und den Irland kolonialisierenden schottischen und englischen Siedlern andererseits. Der Konflikt bestimmte den Alltag, sorgte für eine Trennung von Wohngebieten in den Städten und kostete fast 4000 Zivilisten das Leben.

Verquickung von Rassismus und Sprache (Belgien)

Ein Beispiel für die Verquickung von Rassismus mit sprachlichen und wirtschaftlichen Fragen ist *Belgien*. Die niederländischsprachigen Flamen (60 %) vor allem im Norden, die Wallonen und andere französischsprachige Bewohner (40 %) vor allem im Süden und in Brüssel (40 %), die deutschsprachige Minderheit im Osten sowie die Hauptstadt Brüssel im Zentrum mit zwei Amtssprachen werden eigentlich nur durch das Königtum zusammengehalten. Trotz fortschreitender Dezentralisierung seit den 1970er-Jahren und der Umwandlung in einen Bundesstaat 1993 kommen die Konflikte und Staatskrisen nicht zur Ruhe.[69] Seit dem Zusammenbruch der Montanwirtschaft ist der französischsprachige Teil wesentlich ärmer, weswegen es unter den Flamen eine starke Separationsbewegung gibt, um die Wallonen nicht weiter »durchzufüttern«.

Interessant und typisch ist, dass der angeblich ethnische Konflikt frühestens mit der Gründung des Königreiches Belgien 1830 und eigentlich erst Ende des 19. Jh.s überhaupt beginnt, als die Flamen im französischsprachigen Belgien ihre niederländische Sprache neu entdeckten – bis dahin war Französisch die Bildungssprache aller.

Begründung des Rassismus durch Religion (Indien)

Imanuel Geiss sieht in seiner »Geschichte des Rassismus« im indischen Kastenwesen die »älteste Form quasi-rassistischer Strukturen«[70], die spätestens mit der Eroberung Nordindiens durch die Arier um 1500 v. Chr. begann. »Hellhäutige Eroberer pressten unterworfene Dunkelhäutige als ›Sklaven‹ in die Apartheid einer Rassen-Kasten-Gesellschaft, die sich auf Dauer in der ursprünglichen Form nicht halten ließ, aber zur extremen Fragmentierung und Abschottung der Kasten als unübersteigbare Lebens-, Berufs-, Wohn-, Essens- und Ehegemeinschaften führte.«[71] Die Antirassismuskonferenz der Vereinten Nationen in Durban (Südafrika) im März 2001 verurteilte lautstark den Rassismus aufgrund des Kastensystems als Apartheid, aber es kam zu keiner formellen Resolution gegen Indien.

Erstaunlich ist, dass sich diese Art des religiös begründeten Rassismus seit 3500 Jahren in Indien hält. Beschränken wir uns hier auf die unterste Schicht des Kastenwesens und lassen außer Acht, dass in Indien entgegen der Verfassung auch viele Stämme (*scheduled tribes*) vernachlässigt und verachtet werden.

»Dalit« ist die Selbstbezeichnung der Nachfahren der indischen Ureinwohner, die aus rassistischen Gründen als »Unberührbare« (»Paria«) aus dem Kastensystem der kriegerischen indoeuropäischen Eroberer ausgeschlossen wurden. Bei uns wurden sie früher oft fälschlich »Kastenlose« genannt. Die Zahl der hinduistischen Dalits wird auf 240 Mio. geschätzt, davon 160 Mio. Hindus, der Rest Buddhisten und Christen, also fast ein Viertel der indischen Bevölkerung. Sie werden bis heute von den den verschiedenen Kasten angehörenden Indern diskriminiert, verachtet, ausgebeutet, als Sklaven gehalten, geschlagen, um ihren Besitz und ihr Land gebracht und zu niedrigster Arbeit gezwungen. Frauen werden oft folgenlos, teilweise sogar öffentlich vergewaltigt. Bis heute müssen täglich 800 000 Dalits in Indien Latrinen mit bloßen Händen leeren.

Zwar verbietet die Verfassung der Republik Indien von 1949 jede Diskriminierung aufgrund von Kasten und Volkszugehörigkeit. In der Praxis haben alle Maßnahmen dazu aber wenig Erfolg gehabt. B. R. Ambedkar (1891–1956) initiierte 1956 eine Massenkonversion von Dalits zum Buddhismus, weitere Massenbekehrungen zu Buddhismus und Christentum folgten, was die Lage der Dalits aber bis heute eher verschlimmerte, zumal Dalits keine Sozialhilfe mehr empfangen, sobald sie offiziell Christen geworden sind.

III. | Die Situation in Deutschland

1. Zigeuner

Seit dem 15. Jh. werden in allen europäischen Sprachen als »Zigeuner« oder ähnlich (frz. *tsigane*, ital. *zingaro*, türk. *cingene*) eine weit zersplittert lebende Gruppe von etwa 15 Mio. Menschen bezeichnet. Diese besteht aus überwiegend im 14. und 15. Jh. aus Indien über den Balkan nach Europa eingewanderten Volksgruppen der Roma und Sinti, daneben aber auch aus mit ihnen zusammenlebenden oder einen ähnlichen Lebensstil führenden kleineren europäischen Gruppen wie die »Jenischen«.

Im 9.–11. Jh. wurden sie vermutlich von arabischen Eroberern aus dem indischen Punjab als Soldaten und Sklaven ins Oströmische Reich verschleppt, dann zogen sie aus der Türkei in den Balkan – die Geschichte der »Zigeuner« ist eine tausend Jahre lange Geschichte der rassistischen Verachtung und Unterdrückung auf fast allen Erdteilen.

Die ersten Zigeunerverfolgungen sind aus den rumänischen Fürstentümern Walachei und Moldawien bekannt, wo Roma seit dem 14. und bis ins 19. Jh. versklavt, inhaftiert, vertrieben und ausgegrenzt wurden – dort ist bis heute die Zigeunerverachtung am stärksten, zuletzt zu erkennen an den Pogromen kurz nach dem Fall der Mauer Anfang der 1990er-Jahre.

Bis etwa 1500 lebten die »Zigeuner« im restlichen Europa weitgehend unbehelligt, zumal Wanderschaft auch unter anderen Volksgruppen noch weit verbreitet war. 1498 erklärten dann aber Reichsfürsten und Reichsbischöfe auf dem Freiburger Reichstag alle »Zigeuner« für Spione der Türken und Feinde der Christenheit und deswegen für vogelfrei, ein in der deutschen Rechtsgeschichte bis zum Nationalsozialismus einmaliger Vorgang, der sich aus der hysterischen Angst vor den Türken speiste und ein Musterbeispiel darstellt, wie Rassismus entsteht.

Im 18. und 19. Jh. wurde »Zigeuner« ein polizeilicher Ordnungsbegriff, der in Gesetzen und Verordnungen gegen die »Fahrenden« verwandt wurde, da die über 90 % sesshaften Roma in Europa natürlich nicht in Erscheinung traten, dafür aber der kleine Teil, der grenzüberschreitend in Gruppen auf Wanderschaft war, ins Blickfeld der Menschen geriet. Seit 1871 spricht das deutsche Recht von der »Zigeunerplage«.

Im 19. Jh. hatte sich die Einstellung, die Roma seien eine rassisch zusammengehörende Gruppe, die von Diebstahl und Betrug lebe, weltweit verbreitet, sodass ihnen 1880 und 1885 die Einwanderung in die USA und in die lateinamerikanischen Länder verboten wurde. Übrigens: Selbst in Malta und Dänemark, wo es gar keine »Zigeuner« gibt, lehnt ein Gutteil der Bevölkerung die »Zigeuner« ab, wie eine EU-Untersuchung jüngst gezeigt hat.

Jahrzehntelang weigerte man sich, von einem Völkermord an 300 000 Roma und Sinti im Dritten Reich (siehe oben S. 73 zum Völkermord) zu sprechen, selbst als der Völkermord an den Juden längst allgemein akzeptiert war. Der Bundesgerichtshof entschied noch 1956, dass die Verfolgung der Zigeuner durch den Nationalsozialismus vorwiegend nicht rassistisch gewesen sei, sondern den »asozialen Eigenschaften der Zigeuner« gegolten habe.[72]

Roma sind hellhäutig bis dunkelhäutig – manchmal innerhalb einer Familie – zugleich Orthodoxe, Katholiken, Protestanten, Muslime, Juden, Atheisten. Für Außenstehende sind einige wegen ihrer Hautfarbe gut zu erkennen und werden an Grenzen angehalten, die meisten sind von anderen Europäern nicht zu unterscheiden.

In Deutschland lehnt der »Zentralrat Deutscher Sinti und Roma« die Bezeichnung »Zigeuner« wegen seiner ideologischen

Belastung und seiner Verwendung im Dritten Reich ab, während die weniger repräsentative »Sinti Allianz Deutschland« sich für einen wertneutralen Weitergebrauch ausspricht.

2. Antisemitismus

Antisemitismus gab es erstmals bei Griechen und Ägyptern ab dem 3. Jh. v. Chr. Die »Erfindung des Judentums als Rasse im Jahr 1492«[73] fand in Spanien statt, wo man Juden, die zum Christentum übertraten, trotzdem schwer verfolgte, weil man ihnen Täuschung und verschwörerische Absichten unterstellte. Judentum war nun keine Religion mehr, sondern eine Abstammung. Eugen Dühring (1833–1921) zieht nach einer langen Entwicklung die Konsequenz: Die Judentaufe ist keine Lösung, weil es keine Frage der Religion, sondern der »Race« bzw. der »Racenschädlichkeit« sei. Kein Wunder, dass die Kirchen sich gegenüber Hitler noch nicht einmal für getaufte Juden einsetzten.

Die Schweizer Regierung schreibt dazu: »Der 1879 von Wilhelm Marr geprägte Begriff ›Antisemitismus‹ bezeichnet die Feindschaft gegenüber Jüdinnen und Juden, die als einheitliche ›Rasse‹ konstruiert und wahrgenommen werden. Die Entwicklung zu einem solchen Rassenbegriff erfolgte im Laufe des 19. Jahrhunderts vor dem Hintergrund einer zunehmend naturwissenschaftlichen Betrachtungsweise sowie einer Abnahme religiöser Deutungen. Der rassistische Antisemitismus überlagerte den historisch weit zurückgehenden Antijudaismus, der für die religiös geprägte Judenfeindschaft des Christentums steht... Die als unveränderbar festgelegten Unterscheidungsmerkmale und Stereotypen der ›jüdischen Rasse‹ wurden fortan von Antisemiten als Instrument der Ausgrenzung und Diskriminierung benutzt. Der im 19. Jahrhundert sowohl in bürgerlichen Kreisen als auch in der Arbeiterschaft aufkommende rassistische Antisemitismus war in erster Linie eine Reaktion auf den Eintritt der jüdischen Bürgerinnen und Bürger ins soziale und politische Leben (West-) Europas ... Merkmale des Antisemitismus sind die Vorstellungen einer ›jüdischen Weltverschwörung‹ und der Umstand, dass ›die Juden‹ zu Sündenböcken für soziale, politische und gesellschaftliche Übel herhalten müssen.«[74]

Der europäische Antisemitismus besteht heute überwiegend im gegen den Staat Israel gerichteten Antizionismus oder in jüdischen Verschwörungstheorien weiter, die auch immer wieder dazu herhalten müssen, das Aufkommen des Antisemitismus zu erklären. So wird bis heute nachgeplappert, Christen wäre Geldverleih verboten gewesen und Juden hätten deswegen dieses Geschäftsfeld besetzt und wären dadurch unbeliebt geworden. Doch das Bild vom jüdischen »Wucherer« entstand Ende des 14., Anfang des 15. Jh.s, als die große Epoche des internationalen jüdischen Geldhandels längst vorbei war. In England wurden die Juden bereits 1290 vom König vertrieben oder in den Untergrund gedrängt. Dem aufkommenden Antisemitismus tat das keinen Abbruch. Und in den 600 Jahren seit 1400 hat sicher keiner genauer überprüft, ob wirklich nur Juden Geld verleihen durften oder ob andere angeblich historische Wahrheiten über die Juden irgendeinen Anhaltspunkt haben.

3. Der Nationalsozialismus

Die Einmaligkeit des Rassismus des Dritten Reiches

In den Morgenstunden des 22. 6. 1941 hat Hitler die Sowjetunion »mit der größten Feuerwalze aller Zeiten und dem stärksten Angriffsheer in der Kriegsgeschichte überfallen«[75]. Unter dem Deckmantel des furchtbaren Krieges um »Lebensraum im Osten« wurden Millionen Juden, Zigeuner und andere »Nichtarier« umgebracht. Hitler und seine Schergen vollzogen im Schatten des Krieges ihre rassistische Weltanschauung als Auslöschung, als »Holocaust«. Der »arische« Rassismus mit Antisemitismus und Antiziganismus hat seine Wurzeln in fast allen europäischen Kulturen, aber er fand seine blutige Vollendung im »germanischen« Rassismus. »Hitler hatte nur zwei wirkliche Ziele, ein außenpolitisches und ein rassenpolitisches. Deutschland musste unter seiner Führung neuen Lebensraum im Osten erobern, und es musste die Juden entfernen. Der Staat und seine Verfassung, die Innen-, Wirtschafts- und Sozialpolitik, die Partei, ihr Programm und ihre Ideologie – alles war nur Mittel zu diesem doppelten Zweck.«[76]

Der Nationalsozialismus war in seinem Rassismus und Völkermord einzigartig furchtbar. »Ich behaupte ..., daß der nationalsozialistische Mord an den Juden deswegen einzigartig war, weil noch nie zuvor ein Staat mit der Autorität seines verantwortlichen Führers beschlossen und angekündigt hatte, eine bestimmte Menschengruppe einschließlich der Alten, der Frauen, der Kinder und der Säuglinge möglichst restlos zu töten und diesen Beschluß mit allen nur möglichen staatlichen Machtmitteln in die Tat umsetzte.«[77]

Noch etwas anderes unterscheidet den Nationalsozialismus von den meisten rassistischen Systemen. Während etwa das indische Kastenwesen, die Versklavung der Schwarzafrikaner durch arabische Herren, die Apartheid in Südafrika oder die Rassentrennung der Südstaaten der USA für den Rassismus jeweils eine ideologische Begründung für eine längst vorhandene Herrschaftsordnung lieferten, baute der Nationalsozialismus zwar auf jahrhundertealten Vorurteilen, nicht aber auf eine tatsächlich vorhandene Teilung der Gesellschaft in Juden und Nichtjuden – von der Verfolgung der Sinti und Roma einmal abgesehen. Die Juden waren voll in die Gesellschaft integriert und die Rassenunterscheidung von selbst nicht gegeben.

Hitlers Rassenreligion

»Der Kern der nationalsozialistischen Weltanschauung ... ist oft beschrieben worden. Die Geschichte ist danach eine Geschichte von Rassenkämpfen. Die blonde Rasse als ›höchstes Ebenbild des Herrn‹ ist zwar zur Herrschaft über die Erde berufen; doch sehe sie sich mit wachsendem Nachdruck von den minderwertigen Mischlingsrassen, insbesondere den Juden, bedrängt, die als die große Gegenkraft die Welt mit Unterwerfung und Zerstörung bedrohten ... Kampf und Liquidation auf der einen, Bewahrung der kostbaren Schale nordischen Blutes durch Zucht und Rassenhygiene auf der anderen Seite seien nicht nur ein historischer Auftrag, sondern hätten als Erfüllung des Schöpfungsplanes Weihe und Legitimation eines göttlichen Gebots ...«[78]

Dass Hitler Gott unmittelbar mit dem rassenideologisch verstandenen sozialdarwinistischen Kampf ums Dasein verbindet[79], wird am deutlichsten, wenn er vom »Schöpfer« (und ähnlichen Ausdrücken) spricht ... Das deutsche Volk hat vom Schöpfer den »Auftrag«, die ganze Welt neu zu gestalten, denn eine »geschichtliche Revision einmaligen Ausmaßes wurde uns vom Schöpfer aufgetragen«.

Wenn Hitler davon spricht, dass »Gott mir mein Blut gegeben« hat, meint er nicht oder nicht vorrangig seine Erschaffung als Einzelwesen, sondern die Erschaffung des arischen oder deutschen »Blutes«, also der Rasse bzw. des Volkes. Das, was Gott geschaffen hat, zu erhalten, kann deswegen nur »ein Gottesgebot« sein. Man darf deswegen Rassenegoismus »nicht als Gott nicht wohlgefällig ansehen«, denn wenn Gott den Einsatz für die deutsche Rasse nicht gewollt hätte, hätte »Gott mich nicht als Deutschen geschaffen«. Denn wer Gottes »Werk zerstört«, zerstört die »Schöpfung des Herrn« und sagt damit »dem göttlichen Wollen« »den Kampf an«.

Rassenvermischung ist deswegen die »Sünde« gegen die Schöpfung schlechthin, aber auch das Christentum ist Auflehnung und »Protest gegen die Schöpfung«, insofern es die Notwendigkeit des Tötens im Kampf ums Dasein leugnet und etwa Euthanasie ablehnt. Auch die fehlende Ausrichtung des Christentums am Rassegedanken bringt es in Gegensatz zum Schöpfer, etwa wenn sich die Missionsarbeit »minderrassiger« Menschen annimmt. Für Hitler ist »es eine Versündigung am Willen des ewigen Schöpfers…, wenn man Hunderttausende…seiner begabtesten Wesen im heutigen proletarischen Sumpf verkommen lässt, während man Hottentotten und Zulukaffern zu geistigen Berufen hinaufdressiert«.

Es ist davon auszugehen, dass die Verknüpfung von theistischem Schöpfungsgedanken und biologischer Evolution in dem Sinne, dass Gott den Kampf ums Dasein geschaffen hat, keine Besonderheit Hitlers war, sondern in vielfältiger Form zu seiner Zeit in Umlauf war. Die merkwürdige Mischung, die bei Hitler Aufklärung und Vorrangstellung von Wissenschaft mit dem Gottesglauben und dem gottgewollten Fördern der Evolution der menschlichen Rassen einging, lag damals gewissermaßen in der Luft, auch wenn sie alleine nicht erklären kann, warum diese Kombination bei Hitler solch brutale Folgen hatte und bei anderen theistisch-aufgeklärten Sozialdarwinisten nicht.

4. Rechtsextremismus in den deutschsprachigen Ländern heute

Rechtsextremismus in Deutschland
Für die SPD-nahe Friedrich-Ebert-Stiftung hat die Universität Leipzig zum wiederholten Male Umfragen zur Verbreitung rechtsextremer Einstellungen durchgeführt.[80] Wir geben hier die Zahlen wieder, obwohl sie sehr wenig aussagekräftig sind.

Rechtsextreme Einstellungen in West- und Ostdeutschland, Herbst 2006

	Gesamt	West	Ost
Befürwortung Diktatur	4,8	4,4	6,5
Chauvinismus	19,3	20,1	16,1
Ausländerfeindlichkeit	26,7	25,7	30,6
Antisemitismus	8,4	9,5	4,2
Sozialdarwinismus	4,5	4,0	6,2
Verharmlosung Nationalsozialismus	4,1	4,6	2,0

Was ist an solchen Zahlen und fast allen ähnlichen Untersuchungen zu bemängeln? Ihnen liegen zu jedem der fünf Themen je drei Fragen zugrunde, deren positive Beantwortung aber Linksextreme meist genauso geben können. Absurde Vorwürfe gegen Juden finden sich nicht nur im rechten Lager. Eine Diktatur und einen starken Mann wünschen sich nicht nur Rechtsextreme. Der Sozialdarwinismus ist auch Bestandteil der Marxschen Weltanschauung. Mit Ausländerfeindlichkeit und vermeintlicher Ausländerüberfremdung geht auch Oskar Lafontaine auf Stimmenfang. Zudem sind manche Fragen so gestellt, dass ihnen für sich genommen auch unbedarfte Bürger zustimmen, etwa wenn gefragt wird, ob Deutschland in der internationalen Politik zu wenig beachtet wird.

Es zeigt sich, dass die vielen Umfragen, die sich nur auf Rechts- oder Linksextremismus beziehen, einseitig sein müssen. Nur wenn beide gemeinsam abgefragt und untersucht werden, haben Untersuchungen überhaupt einen Sinn.

Es sei an dieser Stelle nur kurz vermerkt, dass es die Bekämpfung des Rassismus erschwert, wenn man ihn immer nur beim politischen Gegner vermutet. Ohne die Bekämpfung des rechtsradikalen Rassismus in irgendeiner Weise einschränken zu wollen: Der Rassismus kann sich mit jeder politischen Ideologie verbinden, auch mit linken politischen Positionen und mit Linksextremismus. Oskar Lafontaines rassistische Äußerungen zu Polen und Südosteuropäern zeigen dies am vergleichsweise harmlosen Beispiel, der Imperialismus der Sowjetunion oder der Marxismus des »Weißen«-Hassers Robert Mugabe in Simbabwe an gewalttätigen Auswüchsen.

Während zur Frage, wie viele Deutsche rassistische oder rechtsextremistische Einstellungen haben, kaum verlässliche Zahlen vorliegen und wirklich hohe Zahlen meist nur aus dem politisch linken Bereich vorgelegt werden, sieht es mit der Feststellung der Zahl aktiver Rassisten und Rechtsextremisten besser aus, da in Deutschland die Beobachtung des Rechtsextremismus Aufgabe der Verfassungsschutzämter der Länder und des Bundes ist und diese unabhängig davon, ob dort jeweils CDU/CSU- oder SPD-geführte Regierungen regieren, über längere Zeiträume zu ähnlichen Ergebnissen kommen.

Laut dem Verfassungsschutzbericht 2007 des deutschen Bundesinnenministeriums gibt es derzeit 4400 Neonazis sowie 14 200 Parteimitglieder in den rechtsextremistischen Parteien NPD und DVU, 4000 weitere in anderen rechtsextremistischen Organisationen. In all diesen Gruppen werden 10 000 Rechtsextremisten als gewaltbereit eingestuft. Insgesamt werden jährlich rund 1000 Gewalttaten von ihnen begangen, die meisten durch Verprügeln und Verletzen von Ausländern oder Deutschen mit dunklerer Hautfarbe. Es gibt 1000 rechtsextremistische Homepages und einige kleine Verlage. Hauptverbreitungsmedium ist rechtsextremistische Musik.

Allerdings sind die Wähler von NPD und DVU regional sehr unterschiedlich verteilt. Bei der Bundestagswahl am 18. 9. 2005 erhielten sie 1,6 %, regional aber reicht das Ergebnis von 0,1 % bis hin zu den Regionen, in denen NPD oder DVU in örtlichen oder Landesparlamenten sitzen. Die NPD erhielt am 19.9.2004 bei der Landtagswahl in Sachsen 9,2 % = 12 Landtagsmandate, am 17.9.2006 in Mecklenburg-Vorpommern 7,3 % = 6 Mandate, die DVU am 19.9.2004 in Brandenburg 6,1 % = 6 Abgeordnete (die beiden Parteien treten nie gleichzeitig an).

Was wollen rechtsextreme Parteien? Der Verfassungsschutzbericht sagt kurz und knapp, wenn auch mit vielen Belegen: »Das rechtsextremistische Weltbild wird von nationalistischen und rassistischen Anschauungen geprägt.«[81] Dazu treten zwei Elemente, die den Rechtsextremismus als Kind des Nationalsozialismus erweisen, der Wunsch nach politischem Zentralismus und der Antisemitismus. »Rechtsextremisten treten in aller Regel für ein autoritäres politisches System ein, in dem der Staat und das – nach ihrer Vorstellung ethnisch homogene – Volk als angeblich natürliche Ordnung in einer Einheit verschmelzen. Gemäß dieser Ideologie der ›Volksgemeinschaft‹ sollen die staatlichen Führer intuitiv nach dem vermeintlich einheitlichen Willen des Volkes handeln.«[82] »Antisemitismus bleibt das zentrale ideologische Bindeglied zwischen den diversen Strömungen des Rechtsextremismus. Dies betrifft vor allem einen Antisemitismus der Andeutungen, der neben der offenen antisemitischen Hetze zugenommen hat.«[83] Als Beleg wird eine Aussage der NPD angeführt: »Die Außenpolitik der USA wird in Tel Aviv gemacht. Angesichts der von jüdischen Kreisen weltweit gegen Deutschland und das deutsche Volk betriebenen Hetze sind die USA als Bündnispartner mithin mehr als zweifelhaft«.[84]

Rechtsextremismus in der Schweiz und Österreich

In der Schweiz und Österreich werden zwar auch jährlich Berichte zum Extremismus vorgelegt, der Bericht »Innere Sicherheit der Schweiz« des Dienstes für Analyse und Prävention (DAP) des Bundesamtes für Polizei (fedpol) und der

Verfassungsschutzbericht des Bundesministeriums für Inneres und des Bundesamtes für Verfassungsschutz und Terrorismusbekämpfung von Österreich, aber in beiden Ländern ist es nicht gestattet, rechtsextreme Organisationen an sich zu observieren, solange sie nicht mit Gewalt operieren. Deswegen liegen in beiden Ländern auch keine genauen Zahlen zur rechtsextremistischen Szene vor.

In der Schweiz werden meist nur die gewaltbereiten Skinheads mit dem Rechtsextremismus in Verbindung gebracht. Die Bundespolizei schätzt 1200 Rechtsextreme und 800 Sympathisanten. Rechtsextreme Parteien werden in der Schweiz einfach als »nationalkonservativ« oder »rechtskonservativ« bezeichnet.

Auch in Österreich sind Parteien wie die FPÖ oder der Bund für Österreich, die erst jüngst wieder einen enormen Stimmenanteil im Bund gewannen, legal und werden nicht beobachtet, strafrechtlich verboten ist nur der Neonazismus. Auch hier gilt vor allem die gewaltbereite Skinheadszene als rechtsextremistisch.

Exkurs: Das »Volk« als Schöpfungsordnung?

Für viele Christen hat das »Volk« im Sinne einer Abstammungsgemeinschaft eine ebenso von Gott eingesetzte Qualität wie Familie, Kirche, Arbeit/Wirtschaft oder Staat. Während wir jedoch für die genannten vier Institutionen klare Belege dafür in der Bibel finden, dass Gott sie geschaffen hat, sie will und ihnen für bestimmte Aufgaben Autorität verleiht (z. B. 1. Mose 1,26-27; Römer 13,1-7; Epheser 1), finden wir dies nirgends für die Institution »Volk«. Völker entstehen in der Bibel zum einen daraus, dass Menschen Kinder haben, aber auch durch Vermischung durch Heirat, Wanderung und Kriegsfolgen.

Wenn es für Christen überhaupt ein besonderes Volk gibt, dann sind es die Juden, und gerade vom Volk Israel sagt Gott, dass er es keinesfalls erwählt hat, weil es etwas Besonderes wäre (5. Mose 7,7-8), und zudem nur, um alle anderen Völker der Welt zu segnen (1. Mose 12,1-3), nicht um ihnen zu schaden. Und selbst für Israel galt und gilt, dass es sich nicht über seine biologische Abstammung definiert, sondern über seinen Glauben und seine gemeinsame Geschichte. Denn schon im Alten Testament brachen Teile der Abstammungslinien aus dem Volk Israel weg, gingen Israel »verloren« und entwickelten ihre eigene Geschichte und Kultur (z. B. Esau und seine Nachkommen). Zudem wurden manche Nichtjuden durch Bekehrung zu vollwertigen Juden (z. B. Moses Schwiegerverwandtschaft, die Hure Rahab mit ihrer Familie oder Rut).

Es gilt gerade angesichts des Versagens vieler Christen im Nationalsozialismus: »Die einzige Antwort darauf ist – und evangelikale Christen haben eine heilige Verantwortung, sie ohne Furcht oder Parteilichkeit zu verkündigen –, dass keine Nation Heilsqualität besitzt und dass alle Völker und jeder Einzelne aufgrund genau des gleichen göttlichen Maßstabes der Gerechtigkeit gerichtet werden ...«[85]

Es gibt keine biblische Berechtigung für die Einordnung des – rassisch-biologisch gedachten – Volkes als eigener Autoritätsstruktur und als von Gott eingesetzter Schöpfungsordnung neben und in Abgrenzung zum Staat, der im Regelfall ja immer wenigstens einige Bürger völlig anderer Abstammung beherbergt. Mit Karl Barth wende ich mich gegen die »Erhebung des Begriffes ›Volk‹ in die Reihe der theologisch-ethischen Hauptbegriffe«[86], sodass das Volk plötzlich und angeblich zu einer »Schöpfungsordnung« wie die Familie wird. Gott hat dem Staat das Gewaltmonopol gegeben, der Kirche das »Predigtmonopol«, der Familie das »Erziehungsmonopol«. Das biologische »Volk« dagegen hat keinerlei Autorität über irgendjemanden, ja, es gibt es so eigentlich gar nicht. Praktisch alle Staatsvölker sind historisch gesehen Mischvölker, und die Muttersprache hat mit der rassischen Zugehörigkeit zunächst einmal gar nichts zu tun, denn oft sprechen mehrere Völker dieselbe Sprache oder finden sich mehrere Sprachen innerhalb eines Volkes.

Weblinks und Literaturhinweise

Reihenfolge immer:
- *Webseiten (nach Bedeutung)*
- *Artikel im Web*
- *Deutsche Bücher und Artikel (Autorenalphabet)*
- *Englische Bücher und Artikel (Autorenalphabet)*

Rassismus – Wissenschaft

- www.comlink.de/cl-hh/m.blumentritt/agr52s.htm
- http://www.ekr-cfr.ch/themen/00023/index.html?lang=de
- Mathias *Bös*, Rasse und Ethnizität: Zur Problemgeschichte zweier Begriffe in der amerikanischen Soziologie, Wiesbaden: Verlag für Sozialwissenschaften 2005
- Maureen Maisha *Eggers* u. a. (Hg.), Mythen, Masken und Subjekte: Kritische Weißseinsforschung in Deutschland, Münster: Lit 2005
- Wulf D. *Hund,* Negative Vergesellschaftung, Münster: Verlag Westfälisches Dampfboot 2006
- *ders.*, Rassismus: Die soziale Konstruktion natürlicher Ungleichheit, Münster: Verlag Westfälisches Dampfboot 1999
- *ders.*, Rassismus, Bielefeld: Transcript-Verlag 2007
- Paul *Jobst*, Das »Tier«-Konstrukt und die Geburt des Rassismus: Zur kulturellen Gegenwart eines vernichtenden Arguments, Münster: Unrast-Verlag 2004
- Albert *Memmi*, Rassismus, Frankfurt/M.: Athenäum 1992
- Wolfgang *Wippermann*, Rassenwahn und Teufelsglaube, Berlin: Frank & Timme 2005
- Johannes *Zerger*, Was ist Rassismus? Göttingen: Lamuv 1997

Genetik zu Rassen und Rassismus

- Deklaration von Schlaining gegen Rassismus, Gewalt und Diskriminierung. Wien: Österreichische UNESCO-Kommission 1995: www.aspr.ac.at/publications/deklarat.pdf; wissenschaftliche

Erklärung dazu: www.tguv.de/baustein.dgb-bwt.de/PDF/C3-
Stellungnahme.pdf

- www.scinexx.de/wissen-aktuell-7846-2008-02-22.html: »Karte
  enthüllt genetische Vielfalt der Völker« (Springer-Verlag)
- www.gene.ch/genpost/2005/Jul-Dec/msg00 203.html: »Atlas
  der genetischen Vielfalt der Menschen«
- Luigi Luca *Cavalli-Sforza*, Gene, Völker und Sprachen: Die biologischen Grundlagen unserer Zivilisation, München: dtv 2003
- *ders.*/Francesco *Cavalli-Sforza*, Verschieden und doch gleich:
  Ein Genetiker entzieht dem Rassismus die Grundlage, München:
  Droemer Knaur 1996
- Luigi Luca *Cavalli-Sforza* u. a., The History and Geography of
  Human Genes, Princeton: Princeton University Press 1994

Eine Liste wissenschaftlicher Artikel in englischsprachi-
gen Fachzeitschriften zur Genetik findet sich bei Unander,
Shattering, a. a. O., S. 119–127

Wissenschaftliche Kritik des Begriffes »Rasse«
oder der Rasseneinteilung

- »Erklärung über Rassen und Rassenvorurteile« der UNESCO vom
  27.11.1978, in: *Vereinte Nationen* 28 (1980) 2, S. 67–69, Download: www.unesco.de/erklaerung_rassenvorurteile.html
- Ulrich *Kattmann*, »Rassismus, Biologie und Rassenlehre«, in:
  www.shoa.de/content/view/368/96/Frank *Böckelmann*, Die Gelben, die Schwarzen, die Weißen, Frankfurt/M.: Eichborn 1999
- Walter *Demel*, »Wie die Chinesen gelb wurden: Ein Beitrag zur
  Frühgeschichte der Rassentheorien«, in: *Historische Zeitschrift*
  255 (1992), S. 625–666
- Stephen Jay *Gould*, Der falsch vermessene Mensch, Frankfurt/M.:
  Suhrkamp, 1994[2]
- *ders.*, »Warum wir menschliche Rassen nicht benennen sollten«,
  in: *ders.*, Darwin nach Darwin, Frankfurt/M.: Ullstein 1984,
  S. 195–200
- Wolfram *Henn*, Warum Frauen nicht schwach, Schwarze nicht
  dumm und Behinderte nicht arm dran sind: Der Mythos von den
  guten Genen, Freiburg: Herder 2004

- Ulrich *Kattmann*, »Menschenrassen«, in: Lexikon der Biologie. Bd. 9, Heidelberg: Spektrum 2002, S. 170–177
- *ders.*, »Rassismus«, in: Lexikon der Biologie. Bd. 11, Heidelberg: Spektrum 2003, S. 423–424
- Heidrun *Kaupen-Haas*/Christian *Saller*, Wissenschaftlicher Rassismus: Analysen einer Kontinuität in den Human-Naturwissenschaften, Frankfurt/M.: Campus 1999
- Christian *Schüller*/Petrus *van der Let*, Rasse Mensch: Jeder Mensch ein Mischling, Aschaffenburg: Alibri 1999
- Dinesh *D'Souza*, The End of Racism, New York: Free Press 1997
- Dave *Unander*, Shattering the Myth of Race: Genetic Realities and Biblical Truths, Valley Forge: Judson Press 2000

IQ und »Rasse«

- http://de.wikipedia.org/wiki/The_Bell_Curve
- Stephen Jay *Gould*, Der falsch vermessene Mensch, Frankfurt/M.: Suhrkamp 1994[2]
- Gunnar *Heinsohn*, »Die Crux mit der Intelligenz«, in: *Die Welt* vom 26.11.2007, S. 7 (= www.welt.de/wissenschaft/article1 400 104/Die_Crux_mit_der_Intelligenz.html)
- Michael *Shermer* u. a., Argumente und Kritik: Skeptisches Jahrbuch 1997 Aschaffenburg: Alibri 1996 (vier Artikel gegen »The Bell Curve«)

Christliche Stimmen gegen Rassismus und den Begriff ›Rasse‹

- Peter *Beyerhaus*, Rassismus, seine evangeliumsgemäße Überwindung, Bad Liebenzell: VLM 1972 = Peter Beyerhaus. Krise und Neuaufbruch der Weltmission, Bad Liebenzell: VLM 1987, S. 123–145
- Walter *Künneth*, Der große Abfall: Eine geschichtstheologische Untersuchung der Begegnung zwischen Nationalsozialismus und Christentum. Hamburg: Friedrich Wittig Verlag 1947
- Garth *Lean*, Wilberforce: Lehrstück christlicher Sozialreform, Gießen: Brunnen 1974
- Thomas *Schirrmacher*, Multikulturelle Gesellschaft, Holzgerlingen: Hänssler 2007

- John *Stott*, Christsein in den Brennpunkten unserer Zeit, Bd. 3: ... im sozialen Bereich, Marburg: Francke 1988, S. 65–88
- Jefferson D. *Edwards*, Purging Racism from Christianity, Grand Rapids: Zondervan 1996
- Dave *Unander*, Shattering the Myth of Race: Genetic Realities and Biblical Truths, Valley Forge: Judson Press 2000

»Rasse« – ältere, überholte Darstellungen
- Gerhard *Heberer* u. a. (Hg.), Anthropologie: Das Fischer Lexikon, Frankfurt/M.: Fischer 1970, bes. Artikel »Rasse«, »Rassengeschichte«, Rassenpsychologie«
- Georg *Kenntner*, Rassen aus Erbe und Umwelt, Berlin: Safari-Verlag 1975

Beispiele für eine neonazistische Begründung der »Rasselehre«
- www.npd.de, dann »Inhalte«, dann »Politisches Lexikon«
- Johannes P. *Ney*, Reizwort Rasse, Riesa: Deutsche Stimme Verlag 2000
- Hans F. K. *Günther*/Jürgen *Spanuth*, Die nordische Rasse bei den Indogermanen Asiens, Pähl: Verlag Hohe Warte 1982

Rassismus – Geschichte
- http://de.wikipedia.org/wiki/Rassentheorien
- Werner *Conze*/Antje *Sommer*, »Rasse«, in: Otto *Brunner*/Werner *Conze*/Reinhart *Koselleck* (Hg.), Geschichtliche Grundbegriffe. Historisches Lexikon zur politisch-sozialen Sprache in Deutschland, Bd. 5, Stuttgart: Klett-Cotta 2004, S. 135–178
- Christian *Delacampagne*, Die Geschichte des Rassismus, Düsseldorf: Artemis & Winkler 2005
- George M. *Fredrickson*, Rassismus: Ein historischer Abriss, Hamburg: Hamburger Edition 2004
- Imanuel *Geiss*, Geschichte des Rassismus, Frankfurt/M.: Suhrkamp 1993
- Christian *Geulen*, Geschichte des Rassismus, München: C. H. Beck 2007

- George L. *Mosse*, Die Geschichte des Rassismus in Europa, Frankfurt/M.: Fischer 2006
- Léon *Poliakov*, Der arische Mythos. Zu den Quellen von Rassismus und Nationalismus, Hamburg: Junius-Verlag 1993
- *ders.*/Christian *Delacampagne*/Patrick *Girard*, Rassismus: Über Fremdenfeindlichkeit und Rassenwahn, Hamburg: Luchterhand 1992
- Karin *Priester*, Rassismus – Eine Sozialgeschichte, Leipzig: Reclam 2003
- Elazar *Barkan*, The Retreat of Scientific Racism: Changing Concepts of Race in Britain and the United States, Cambridge: Cambridge University Press 2000
- Andrew *Valls* (Hg.), Race and Racism in Modern Philosophy, Ithaca: Cornell University Press 2005

Antisemitismus und Völkermord an Juden im Dritten Reich

- Wolfgang *Benz* (Hg.), Dimension des Völkermords: Die Zahl der jüdischen Opfer des Nationalsozialismus, München: dtv 1996
- *ders.* (Hg.), Der Hass gegen die Juden: Dimensionen und Formen des Antisemitismus, Berlin: Metropol 2008
- Werner *Bergmann*, Geschichte des Antisemitismus, München: C. H. Beck 2006[3]
- Hubert *Cancik*/Uwe *Puschner* (Hg.), Antisemitismus, Paganismus, Völkische Religion, München: K. G. Saur 2004
- Matthias *Küntzel*, Islamischer Antisemitismus und deutsche Politik, Münster: Lit 2007
- Manfred *Lahnstein*, Die offene Wunde: Antisemitismus als Schicksal? Bergisch Gladbach: Bastei Lübbe 2007
- Jürgen *Matthäus*/Klaus-Michael *Mallmann* (Hg.), Deutsche, Juden, Völkermord. Der Holocaust in Geschichte und Gegenwart, Darmstadt: Wissenschaftliche Buchgesellschaft 2006
- Gerald *Messadié*, Verfolgt und auserwählt: Die lange Geschichte des Antisemitismus, München: Piper 2001
- Dieter *Pohl*, Verfolgung und Massenmord in der NS-Zeit 1933–1945, Darmstadt: Wissenschaftliche Buchgesellschaft 2003
- Léon *Poliakov*, Geschichte des Antisemitismus in 8 Bänden, Worms: Heintz Verlag 1977–1988

- Lars *Rensmann*/Julius H. *Schoeps* (Hg.), Feindbild Judentum: Antisemitismus in Europa, Berlin: Verlag für Berlin-Brandenburg 2008
- Peter *Waldbauer*, Lexikon der antisemitischen Klischees: Antijüdische Vorurteile und ihre historische Entstehung, Murnau am Staffelsee: Mankau 2007

Rassismus des Nationalsozialismus

- Peter E. *Becker*, Wege ins Dritte Reich, Teil 2: Sozialdarwinismus, Rassismus, Antisemitismus, Stuttgart: Thieme 1990
- Wolfgang *Benz* (Hg.), Legenden, Lügen, Vorurteile: Ein Wörterbuch zur Zeitgeschichte, München: dtv 1993[4]
- Uwe *Puschner*, »Grundzüge völkischer Rassenideologie«, in: Achim *Leube* (Hg.), Prähistorie und Nationalsozialismus, Heidelberg: Wissenschaftsverlag der Autoren 2002, S. 49–72
- *ders.*, »Germanenideologie und völkische Weltanschauung«, in: Heinrich *Beck* u. a. (Hg.), Zur Geschichte der Gleichung »germanisch-deutsch«, Berlin: de Gruyter 2004, S. 103–130
- Thomas *Schirrmacher*, Hitlers Kriegsreligion: Die Verankerung der Weltanschauung Hitlers in seiner religiösen Begrifflichkeit und seinem Gottesbild, 2 Bde., Bonn: VKW 2007
- Rainer *Zitelmann*, Hitler: Selbstverständnis eines Revolutionärs, Stuttgart: Klett-Cotta 1989[2]

Genozid (Völkermord) allgemein

- http://de.wikipedia.org/wiki/Genozid
- www.gfbv.de (Gesellschaft für bedrohte Völker)
- www.gfbv.de/pogrome.php (Zeitschrift »Pogrom«)
- Zeitschrift für Genozidforschung Paderborn (seit 1999)
- Richard *Albrecht*, Genozidpolitik im 20. Jahrhundert, 3 Bde., Aachen: Shaker 2006
- Boris *Barth*, Genozid. Völkermord im 20. Jahrhundert. Geschichte, Theorien, Kontroversen, München: Beck 2006
- Thoralf *Klein*/Frank *Schumacher* (Hg.), Kolonialkriege – Militärische Gewalt im Zeichen des Imperialismus, Hamburg: Hamburger Edition 2005

- William A. *Schabas*, Genozid im Völkerrecht, Hamburg: Hamburger Edition 2003
- Frank *Selbmann*, Der Tatbestand des Genozids im Völkerstrafrecht, Leipzig: Leipziger Universitätsverlag 2002
- Jürgen *Zimmerer*/Joachim *Zeller* (Hg.), Völkermord in Deutsch-Südwestafrika: Der Kolonialkrieg (1904–1908) in Namibia und seine Folgen, Berlin: Christoph Links Verlag 2003
- Leonard S. *Newman*/Ralph *Erber* (Hg.), Understanding Genocide: The Social Psychology of the Holocaust, Oxford: Oxford University Press 2002
- Samuel *Totten*/Paul R. *Bartrop,* Dictionary of Genocide. 2 Bde., Westport: Greenwood Press 2008

Sklaverei

- www.antislavery.org
- Christian *Delacampagne*, Die Geschichte der Sklaverei, Darmstadt: Wissenschaftliche Buchgesellschaft 2004
- Susanne *Everett*, Geschichte der Sklaverei, Augsburg: Bechtermünz 1998
- Harm *Mögenburg*/Heinz-Peter *Rauckes*, Sklaverei und Dreieckshandel: Menschen als Ware, Frankfurt/M.: Diesterweg 1988
- *zur Sklaverei in den USA siehe die nächste Rubrik*

USA

- Richard *Herzinger*, »Obamas Problem ist nicht der Rassismus«, in: *Die Welt* vom 11.6.2008 (= www.welt.de/politik/article2088714/ Obamas_Problem_ist_nicht_der_Rassismus.html)
- Oliver *Demny*, Rassismus in den USA: Historie und Analyse einer Rassenkonstruktion, Münster: Unrast-Verlag 2001
- Dinesh *D'Souza*, The End of Racism, New York: Simon & Schuster 1995
- John Hope *Franklin*/Alfred A. *Moss*, Von der Sklaverei zur Freiheit: Die Geschichte der Schwarzen in den USA, Berlin: Ullstein 1999
- Jochen *Meissner* u. a., Schwarzes Amerika: Eine Geschichte der Sklaverei, München: C. H. Beck 2008

Südafrika

- Lutz *Brinkmann*, Sandown – weiße Kindheit im Apartheidsstaat, Schriesheim: Dunkelblau Verlag 2004
- Pumla *Gobodo-Madikizela*, Das Erbe der Apartheid – Trauma, Erinnerung, Versöhnung, Opladen: Verlag Barbara Budrich 2006
- Nelson *Mandela*, Der lange Weg zur Freiheit: Autobiographie, Frankfurt/M.: S. Fischer 1994 (viele weitere Auflagen)
- William *Beinart*/Saul *Dubow* (Hg.), Segregation and Apartheid in Twentieth-Century South-Africa, London: Routledge 1995

Zigeuner

- Rajko *Djurić* u. a., Ohne Heim – ohne Grab: Die Geschichte der Roma und Sinti, Berlin: Aufbau-Verlag 2002
- Reimer *Gronemeyer*/Georgia A. *Rakelmann*, Die Zigeuner, Köln: DuMont 1988
- Joachim S. *Hohmann*, Geschichte der Zigeunerverfolgung in Deutschland, Frankfurt/M.: Campus 1988
- Leo *Lucassen*, Zigeuner: Die Geschichte eines polizeilichen Ordnungsbegriffes in Deutschland 1700–1945, Köln: Böhlau Verlag 1996
- Romani *Rose* (Hg.), Der nationalsozialistische Völkermord an den Sinti und Roma, Heidelberg: Dokumentations- und Kulturzentrum Deutscher Sinti und Roma 1995
- David *Gresham* u. a., »Origins and divergence of the Roma (Gypsies)«, in: *American Journal of Human Genetics* 69 (2001), S. 1314–1331

Rassismus in anderen Ländern

- http://de.wikipedia.org/wiki/Konflikt_in_Darfur
- http://de.wikipedia.org/wiki/Nordirlandkonflikt
- http://de.wikipedia.org/wiki/Völkermord_an_den_Armeniern
- Stéphane *Courtois*, Das Schwarzbuch des Kommunismus: Unterdrückung, Verbrechen und Terror, München: Piper 1998
- Alison *Des Forges*, Kein Zeuge darf überleben: Der Genozid in Ruanda, Hamburg: Hamburger Edition 2002
- Gerhard *Leitner*, Die Aborigines Australiens, München: C. H. Beck 2006

- Peter *Martin*, Schwarze Teufel, edle Mohren: Afrikaner in Bewußtsein und Geschichte der Deutschen, Hamburg: Junius 2001
- Frank *Otto*, Der Nordirlandkonflikt, München: C. H. Beck 2005
- Gérard *Prunier*, Darfur. Der »uneindeutige« Genozid, Hamburg: Hamburger Edition 2007
- Thilo *Thielke*, Krieg im Lande des Mahdi: Darfur und der Zerfall Sudans, Essen: Magnus Verlag 2006
- Brigitte *Voykowitsch*, Dalits – Die Unberührbaren in Indien, Wien: Verlag Der Apfel 2006
- Joseph *D'souza*, Dalit Freedom, Centennial: Dalit Freedom Network 2006 (Indien)
- Samuel *Totten*/Eric *Markusen* (Hg.), Genocide in Darfur: Investigating the Atrocities in the Sudan, New York: Routledge 2006
- Alex *de Waal*/Julie *Flient*, Darfur: A Short History of a Long War, London: Zed Books 2006

Völkerkunde (Ethnologie) – Kulturanthropologie – Völker der Welt

- Christoph *Antweiler*, Grundpositionen interkultureller Ethnologie, Nordhausen: Bautz 2007
- Heike *Barnitzke*, Die Welt in der wir leben, München: Kunth 2008
- Edward *Evans-Pritchard* (Hg.), Bild der Völker: Die Brockhaus-Völkerkunde in 10 Bänden, Wiesbaden: Brockhaus 1974–1977
- Mirella *Ferrera*, Völker der Welt, Köln: Karl Müller 2003
- Roland *Girtler*, Kulturanthropologie: Eine Einführung, Münster: Lit 2006
- Walter *Hirschberg* u. a., Wörterbuch der Völkerkunde, Berlin: Reimer 2005[2]
- Lothar *Käser*, Fremde Kulturen: Eine Einführung in die Ethnologie, Bad Liebenzell: VLM 2005[3]
- Klemens *Ludwig*, Bedrohte Völker: Nationale und religiöse Minderheiten, München: C. H. Beck 1994[3]
- *ders.*, Ethnische Minderheiten in Europa: Ein Lexikon, München: C. H. Beck 1995
- Thomas *Schirrmacher*, Multikulturelle Gesellschaft: Chancen und Gefahren, Holzgerlingen: Hänssler 2006

- *ders.*, Scham- oder Schuldgefühl? Die christliche Botschaft angesichts von schuld- und schamorientierten Gewissen und Kulturen, Bonn: VKW 2005
- *ders.*, Völker – Drogen – Kannibalismus: Ethnologische und länderkundliche Beiträge, Bonn: VKW 1997
- *ders.*/Klaus W. *Müller* (Hg.), Scham- und Schuldorientierung in der Diskussion: Kulturanthropologische, missiologische und theologische Einsichten, Bonn: VKW und Nürnberg: VTR 2006
- Cornelia *Schmalz-Jacobsen*/Georg *Hansen* (Hg.), Kleines Lexikon der ethnischen Minderheiten in Deutschland, Bonn: Bundeszentrale für Politische Bildung 1997
- Willi *Stegner* (Hg.), Taschenatlas Völker und Sprachen, Gotha: Klett-Perthes 2006
- Meic *Stephens*, Minderheiten in Westeuropa, Husum: Matthiesen 1979
- Herbert *Tischner* (Hg.), Völkerkunde: Das Fischer Lexikon, Frankfurt/M.: Fischer 1959
- Frank Robert *Vivelo*, Handbuch der Kulturanthropologie, Stuttgart: Klett-Cotta 1995[2]
- Paul G. *Hiebert*, Cultural Anthropology, Grand Rapids: Baker 1986[3]
- Roger M. *Keesing*/Andrew J. *Strathern*, Cultural Anthropology, Fort Worth: Harcourt Brace College Publishers 1998[3]
- Thomas *Schirrmacher,* »Cannibalism and Human Sacrifice Vindicated?«, in: *Christianity and Society* 10 (2000) 1, S. 11–17 und 2, S. 4–9

Aktuelle Rassismusbekämpfung in Deutschland, Österreich und Schweiz

- International: www.humanrightsfirst.org/discrimination/(2008 Hate Crime Survey)
- International: www.unesco.de/erklaerung_rassenvorurteile.html?&L=0 (UNESCO-Erklärung über Rassenvorurteile) www.admin.ch/ch/d/sr/i1/0104.de.pdf (Internationales Übereinkommen zur Beseitigung jeder Form von Rassendiskriminierung)
- Deutschland/NRW: http://aric-nrw.de (Anti-Rassismus-Informations-Centrum)

- Deutschland: http://idaev.de und www.ida-nrw.de (Informations- und Dokumentationszentrum für Antirassismusarbeit e. V. [IDA])
- Schweiz: www.ekr-cfr.ch (Eidgenössische Kommission gegen Rassismus)
- Schweiz: Beratungsnetz für Rassismusopfer: http://d102352. u28.netvs.ch/bfr/index.asp
- Schweiz: Aktuelle Vorfälle und Rechtsfälle: www.humanrights. ch/home/?idcat=128 und www.gra.ch
- Katrin *Monen*, Das Verbot der Diskriminierung: Eine Untersuchung aufgrund der Rasse, des Geschlechts und der sexuellen Identität im deutschen und U.S.-amerikanischen Privatrecht (Dissertation), Baden-Baden: Nomos 2008, zu »Rasse« besonders S. 89ff

Rechtsextremismus in deutschen Ländern

- Deutschland: Verfassungsschutzbericht 2007, Berlin: Bundesministerium des Innern 2007, Download unter www.verfassungsschutz.de/de/publikationen/verfassungsschutzbericht/ vsbericht_2007/Deutschland: Bundesamt für Verfassungsschutz, Verfassungsschutz gegen Rechtsextremismus, Berlin 2008, http://www.verfassungsschutz.de/download/de/publikationen/ pb_rechtsextremismus/broschuere_2_0807_vs_gegen_rechtsextrem/broschuere_0807_vs_gegen_rechtsextrem.pdf
- Verfassungsschutzbericht des Landes Nordrhein-Westfalen über das Jahr 2007, Düsseldorf: Innenministerium des Landes NRW 2008, S. 45–88, Download unter www.im.nrw.de/sch/doks/vs/ aktuell.pdf
- Schweiz: Bericht zur Inneren Sicherheit: www.fedpol.admin. ch/fedpol/de/home/dokumentation/berichte.html und www. fedpol.admin.ch/fedpol/de/home/dokumentation/berichte/ extremismus.html
- Österreich: Bundesministerium für Inneres/Bundesamt für Verfassungsschutz und Terrorismusbekämpfung (Hg.), Verfassungsschutzbericht 2007, www.bmi.gv.at/downloadarea/staatsschutz/BVT%20VSB%202007%2020070724%20Onlineversion. pdf

- Österreich: http://www.inprekorr.de/341-oest.htm (zur Geschichte des Rechtsextremismus in Österreich)
- Jahrbuch Extremismus & Demokratie 20 (2008) und frühere Jahrgänge, auch mit Länderberichten zu Deutschland, Österreich, Schweiz
- Kai *Arzheimer*, Die Wähler der extremen Rechten 1980–2002, Wiesbaden: Verlag für Sozialwissenschaften 2008 (Deutschland)
- Elmar *Brähler*/Oliver *Decker*, Rechtsextremismus in Deutschland, Leipzig: Universität Leipzig 2004, www.uni-leipzig.de/~medpsy/pdf/rechtsextremismus_230605.pdf
- Oliver *Decker* u. a., Ein Blick in die Mitte: Zur Entstehung rechtsextremer und demokratischer Einstellungen in Deutschland, Berlin: Friedrich-Ebert-Stiftung 2008, Download unter http://library.fes.de/pdf-files/do/05433.pdf, Kurzfassung: www.fes.de/rechtsextremismus/inhalt/studie.htm (Deutschland)
- Viola B. *Georgi* u. a. (Hg.), Strategien gegen Rechtsextremismus, 2 Bde., Gütersloh: Bertelsmann-Stiftung 2005
- Thomas *Grumke*/Bernd *Wagner* (Hg.), Handbuch Rechtsradikalismus, Opladen: Leske + Budrich 2002
- Andreas *Klärner*/Michael *Kohlstruck* (Hg.), Moderner Rechtsextremismus in Deutschland, Hamburg: Hamburger Edition 2006
- Richard *Meisel*, Rechtsextremismus, die Neue Rechte und aktuelle rechtsextreme Strömungen, Wien: Verband Österreichischer Gewerkschaftlicher Bildung 2006, Download unter www.voegb.at/bildungsangebote/skripten/pzg/PZG-05B.pdf (Österreich)
- Armin *Pfahl-Traughber*, Rechtsextremismus in der Bundesrepublik, München: C. H. Beck 2006[4]
- Helmut *Reinalter* u. a. (Hg.), Das Weltbild des Rechtsextremismus, Innsbruck: StudienVerlag 1998

Anmerkungen

[1] Zur Unsicherheit, ob der Ursprung in Afrika oder im Mittleren Osten liegt, vgl. Luigi Luca *Cavalli-Sforza*, Gene, Völker und Sprachen: Die biologischen Grundlagen unserer Zivilisation, München: dtv 2003, S. 76

[2] Ruth *Benedict*, Race: Science and Politics, New York: Modern Age Books 1940, S. 21

[3] Albert *Memmi*, Rassismus, Frankfurt/M.: Athenäum 1992, S. 164

[4] so etwa Heidrun *Kaupen-Haas*/Christian *Saller*, Wissenschaftlicher Rassismus: Analysen einer Kontinuität in den Human-Naturwissenschaften, Frankfurt/M.: Campus 1999, S. 65ff

[5] George M. *Fredrickson*, Rassismus: Ein historischer Abriss, Hamburg: Hamburger Edition 2004, S. 173

[6] Deklaration von Schlaining, Abs. 14 (s. Lit.-Verz.)

[7] Johannes *Zerger*, Was ist Rassismus? Göttingen: Lamuv 1997, S. 81

[8] *Fredrickson*, a. a. O., S. 13

[9] Verfassungsschutzbericht 2007, Berlin, S. 79 mit Zitaten von der Homepage der NPD Baden-Württemberg (3. Juli 2007), s. Lit.-Verz.

[10] Homepage der NPD, 10. Mai 2007, zitiert nach Verfassungsschutzbericht 2007, Berlin, a. a. O., S. 77

[11] Stuart *Hall*, »Rassismus als ideologischer Diskurs«, in: Nora *Räthzel* (Hg.), Theorien über Rassismus, Hamburg: Argument-Verlag 2000, S. 11

[12] Eidgenössische Kommission gegen Rassismus, www.ekr-cfr.ch/themen/00023/00028/index.html?lang=de

[13] Art. 1 der »Erklärung über Rassen und Rassenvorurteile«, S. 67, s. Lit.-Verz.

[14] Lexikon der Biologie, Bd. 11, Heidelberg: Spektrum Akademischer Verlag 2003, S. 421 (Artikel »Rasse«)

[15] Ulrich *Kattmann*, »Rassismus, Biologie und Rassenlehre«, in: www.shoa.de/content/view/368/96/16 Stephen Jay *Gould*, Der falsch vermessene Mensch, Frankfurt/M.: Suhrkamp, 19942, S. 88

[17] Siehe dazu bes. *Gould*, Mensch

[18] a. a. O., S. 360

[19] Alle Belege zum folgenden Abschnitt finden sich in Thomas *Schirrmacher*, Hitlers Kriegsreligion: Die Verankerung der Weltanschau-

ung Hitlers in seiner religiösen Begrifflichkeit und seinem Gottesbild, 2 Bde., Bonn: VKW 2007, Bd. 1., S. 246–258 und Bd. 2, S. 352–381

[20] Lawrence *Birken*, Hitler as Philosopher: Remnants of the Enlightenment in National Socialism, Westport: Praeger 1995, S. 57–60

[21] Nicht »Rassen« schaffen Rassismus, sondern Rassismus schafft »Rassen«, http://www.ekr-cfr.ch/themen/00 023/index. html?lang=de

[22] Willi *Stegner* (Hg.), Taschenatlas Völker und Sprachen, Gotha: Klett-Perthes 2006, S. 16

[23] a. a. O.

[24] »Karte enthüllt genetische Vielfalt der Völker: Genvarianten spiegeln Wanderungsbewegungen des Menschen wider«, www.scinexx. de/wissen-aktuell-7846-2008-02-22.html

[25] Hans F. K. *Günther*/Jürgen *Spanuth*, Die nordische Rasse bei den Indogermanen Asiens, Pähl: Verlag Hohe Warte 1982

[26] Marcus *Anhäuser*, »Wohlstand macht lang«, in: *Süddeutsche Zeitung* vom 14. 2. 2006

[27] Die wichtigsten historischen Werke dazu, woher die Hautfarbenlehre kommt, sind *Demel*, Chinesen, a. a. O.; *Hund*, Rassismus: Konstruktion, a. a. O., *Böckelmann*, Gelben, a. a. O. (Details siehe Lit.-Verz.)

[28] so etwa Katrin *Monen*, Das Verbot der Diskriminierung: Eine Untersuchung aufgrund der Rasse, des Geschlechts und der sexuellen Identität im deutschen und U.S.-amerikanischen Privatrecht (Dissertation), Baden-Baden: Nomos 2008, S. 91

[29] Zur Geschichte vgl. *Gould*, Mensch, S. 118–156

[30] *Böckelmann*, Gelben, a. a. O.

[31] William *Arens*, The Man-Eating Myth: Anthropology and Anthropophagy, New York: Oxford University Press 1979

[32] *Gould*, Mensch, a. a. O., S. 20; sehr gut dazu Dave *Unander*, Shattering the Myth of Race: Genetic Realities and Biblical Truths, Valley Forge: Judson Press 2000, S. 82ff

[33] Christian *Schüller*/Petrus *van der Let*, Rasse Mensch: Jeder Mensch ein Mischling, Aschaffenburg: Alibri 1999, S. 27–28

[34] a. a. O., S. 23

[35] Johannes P. *Ney*, Reizwort Rasse, Riesa: Deutsche Stimme Verlag 2000, S. 20

[36] a. a. O., S. 41

[37] www.welt.de/wissenschaft/article1398825/Nur_wenige_Deutsche_sind_echte_Germanen.html (Beitrag vom 25.11.2007)

[38] Christian *Geulen*, Geschichte des Rassismus, München: C.H. Beck 2007, S. 38

[39] so bes. *Unander*, a.a.O., S. 5

[40] Vgl. die ausführlichen Untersuchungen von Bernard *Lewis*, Race and Slavery in the Middle East, Oxford: Oxford University Press 1990

[41] Zum Fluch Hams (1. Mose 9,20-27) ist außerdem zu sagen, dass die drei Söhne nicht zur traditionellen Dreiteilung der Menschen in Rassen passt

[42] zitiert nach *Fredrickson*, Rassismus, S. 41–42

[43] Vgl. Lewis *Hanke*, Aristoteles and the American Indians, Chicago: Regnery 1959

[44] Nicht »Rassen« schaffen Rassismus, sondern Rassismus schafft »Rassen«, http://www.ekr-cfr.ch/themen/00023/index.html?lang=de

[45] *Fredrickson*, Rassismus, S. 58, s. auch »Der Rassismus der Aufklärung«, in: Christian *Delacampagne*, Die Geschichte des Rassismus, Düsseldorf: Artemis & Winkler 2005, S. 125–158; *Voltaire* 138–139 und Andrew *Valls* (Hg.), Race and Racism in Modern Philosophy, Ithaca: Cornell University Press 2005

[46] *Geulen*, Geschichte, S. 56

[47] *Fredrickson*, Rassismus, S. 64

[48] a.a.O., S. 58

[49] Léon *Poliakov*/Christian *Delacampagne*/Patrick *Girard*, Rassismus: Über Fremdenfeindlichkeit und Rassenwahn, Hamburg: Luchterhand 1992, S. 20–21

[50] Franz *Stuhlhofer*, Charles Darwin, Berneck: Schwengeler 1988, S. 37–42 und 136–137

[51] Kurt *Nowak*, »Euthanasie« und Sterilisierung im »Dritten Reich«, Göttingen: Vandenhoeck und Ruprecht 1978, S. 25

[52] Theorie, die davon ausgeht, dass sich mehrere Sprachen zu verschiedenen Zeiten und an verschiedenen Orten auf der Welt ausgebildet und verbreitet haben

[53] *Fredrickson*, Rassismus, S. 69–70

[54] so etwa deutlich a.a.O., S. 110 und die dort genannten Autoren

[55] Vgl. bes. *Delacampagne*, Geschichte, S. 112–124

[56] Siehe *Unander*, Shattering, S. 24–26 und 36–40

[57] Siehe im Detail Thomas *Schirrmacher*, Ethik, Bd. 5, Hamburg: RVB 2001³, S. 221–250

[58] Michael *Parsons*, »Slavery and the New Testament: Equality and Submissiveness«, in: *Vox Evangelica* 18 (1988), S. 90

[59] d. h. ursprünglich im Gebiet lebenden

[60] Tessa *Hofmann*, »Wer in der Türkei Christ ist … zahlt einen Preis dafür«, in: Märtyrer 2007, Bonn: VKW, S. 161–162

[61] Eine gute Einschätzung findet sich bei *Delacampagne*, Geschichte, S. 265–270

[62] Siehe im Detail a. a. O., S. 106–111, der vorschlägt, statt von »Genozid« in diesem Fall von »Ethnozid« zu sprechen

[63] *Stegner*, Taschenatlas, S. 13

[64] Richard *Herzinger*, »Obamas Problem ist nicht der Rassismus«, in: *Die Welt* vom 11. 6. 2008

[65] *Fredrickson*, Rassismus, S. 11

[66] Jacques *Schuster*, »Der Fall Südafrikas: Einst Mandelas Wunderland, heute Sittenverfall«, in: *Die Welt* vom 6. 8. 2008

[67] a. a. O.

[68] Gesellschaft für bedrohte Völker, »Die größte Christenverfolgung der Gegenwart«, in: Märtyrer 2007, VKW: Bonn 2007, S. 161–162

[69] Vgl. de.wikipedia.org/wiki/Flämisch-wallonischer_Konflikt und Frank *Berge*/Alexander *Grasse*, Belgien – Zerfall oder föderales Zukunftsmodell? – Der flämisch-wallonische Konflikt und die Deutschsprachige Gemeinschaft, Opladen: Leske + Budrich 2003

[70] Imanuel Geiss, Geschichte des Rassismus, Frankfurt/M.: Suhrkamp 1993, S. 49

[71] a. a. O.

[72] Zitat nach *Hund*, Rassismus: Konstruktion, S. 75

[73] *Geulen*, Geschichte, S. 38

[74] Eidgenössische Kommission gegen Rassismus, http://www.ekr-cfr.ch/themen/00023/00025/index.html?lang=de

[75] Ralph *Giordano*, Wenn Hitler den Krieg gewonnen hätte: Die Pläne der Nazis nach dem Endsieg, Hamburg: Rasch und Röhring 1989², S. 44

[76] a. a. O., S. 93

[77] Eberhard *Jäckel*, »Die elende Praxis der Untersteller«, in: Historikerstreit. Die Dokumentation der Kontroverse um die Einmaligkeit der nationalsozialistischen Judenvernichtung, München: Piper 1987, S. 118

[78] Joachim *Fest* u.a., Hitler, München: Heyne 1980, S. 15

[79] Alle Belege zum folgenden Abschnitt finden sich in *Schirrmacher*, Hitlers Kriegsreligion, a.a.O., Bd. 1, S. 246–258 und Bd. 2, S. 352–381

[80] Oliver *Decker* u.a., Ein Blick in die Mitte: Zur Entstehung rechtsextremer und demokratischer Einstellungen in Deutschland, Berlin: Friedrich-Ebert-Stiftung 2008

[81] Verfassungsschutzbericht 2007, Berlin: Bundesministerium des Innern 2007, S. 46

[82] ebd.

[83] a.a.O., S. 51

[84] a.a.O., S 81 mit Zitaten aus *Deutsche Stimme* Nr. 3/2007, S. 23

[85] John Warwick *Montgomery*, Christians in the Public Square, Edmonton (Kanada): Canadian Institute for Law, Theology, and Public Policy 1996, S. 96

[86] Karl *Barth*, Die Kirchliche Dogmatik, Studienausgabe Bd. 19: Die Lehre von der Schöpfung III,4 §§ 52–54: Das Gebot Gottes des Schöpfers 1. Teil, Zürich 1993 (1951), S. 345

Bisher erschienene Titel der Reihe kurz und bündig

Michael Hüttel/Hans-Arved Willberg
Ausgebrannt
Tb., 12 x 19 cm, 96 S.,
Nr. 394.801, ISBN 978-3-7751-4801-6

Martin Kamphuis
Buddhismus
Tb., 12 x 19 cm, 96 S.,
Nr. 394.635, ISBN 978-3-7751-4635-7

Michael Kotsch
Atheismus
Tb., 12 x 19 cm, 112 S.,
Nr. 394.963, ISBN 978-3-7751-4963-1

Ron Kubsch
Die Postmoderne
Tb., 12 x 19 cm, 96 S.,
Nr. 394.608, ISBN 978-3-7751-4608-1

Ron Kubsch /Jörg Berger
Ess-Störungen
Tb., 12 x 19 cm, 96 S.,
Nr. 394.551, ISBN 978-3-7751-4551-0

Ulrich Reuter
Klimawandel
Tb., 12 x 19 cm, 96 S.,
Nr. 394.695, ISBN 978-3-7751-4695-1

Thomas Schirrmacher
Christenverfolgung heute
Tb., 12 x 19 cm, 96 S.,
Nr. 394.908, ISBN 978-3-7751-4908-2

Thomas Schirrmacher
Die neue Unterschicht
Tb., 12 x 19 cm, 128 S.,
Nr. 394.674, ISBN 978-3-7751-4674-6

Christine Schirrmacher
Die Scharia
Tb., 12 x 19 cm, 96 S.,
Nr. 394.657, ISBN 978-3-7751-4657-9

Thomas Schirrmacher
Koran und Bibel
Tb., 12 x 19 cm, 128 S.,
Nr. 394.802, ISBN 978-3-7751-4802-3

Thomas Schirrmacher
Moderne Väter
Tb., 12 x 19 cm, 96 S.,
Nr. 394.609, ISBN 978-3-7751-4609-8

Thomas Schirrmacher
Multikulturelle Gesellschaft
Tb., 12 x 19 cm, 96 S.,
Nr. 394.576, ISBN 978-3-7751-4576-3

Thomas Zimmermanns
Meinungs- und Pressefreiheit
Tb., 12 x 19 cm, 96 S.,
Nr. 394.577, ISBN 978-3-7751-4577-0

Thomas Schirrmacher

Koran und Bibel

Tb., 12 × 19 cm, 128 S.
Nr. 394.802,
ISBN 978-3-7751-4802-3

Zwei Bücher, die die Welt bewegen: Koran und Bibel. Weltweit berufen sich mehr als drei Milliarden Menschen auf die beiden Bücher – die Hälfte der Menschheit.

Auch wenn beide Schriften »Gottes Wort« genannt werden, können sie nicht unterschiedlicher sein: in Entstehung, Stil und Botschaft. Endlich erfahren Sie kurz und bündig, was Koran und Bibel verbindet und trennt.

Bitte fragen Sie in Ihrer Buchhandlung nach diesem Buch!
Oder schreiben Sie an: SCM Hänssler, D-71087 Holzgerlingen;
E-Mail: info@scm-haenssler.de

Christine Schirrmacher

Die Scharia

Tb., 12 × 19 cm, 96 S.,
Nr. 394.657,
ISBN 978-3-7751-4657-9

Ein neues Wort ist in den Medien aufgetaucht: Scharia. Oft bleibt unklar, wofür der Begriff steht. Die Islamexpertin erläutert allgemeinverständlich Entstehungsgeschichte und Anspruch der Scharia als unhinterfragbarem Gottesgesetz für alle Lebensbereiche. Im Buch werden auch die praktischen Auswirkungen auf das Leben von Minderheiten, Konvertiten und Frauen behandelt. Die Autorin beschäftigt sich auch mit den Forderungen verschiedener islamischer Gruppierungen in Deutschland, die die Scharia in Europa einführen wollen. Weitere Aspekte sind u. a. auch Karikaturenstreit und Kopftuchdebatte mit ihren Konsequenzen.

Bitte fragen Sie in Ihrer Buchhandlung nach diesem Buch!
Oder schreiben Sie an: SCM Hänssler, D-71087 Holzgerlingen;
E-Mail: info@scm-haenssler.de